AF558406

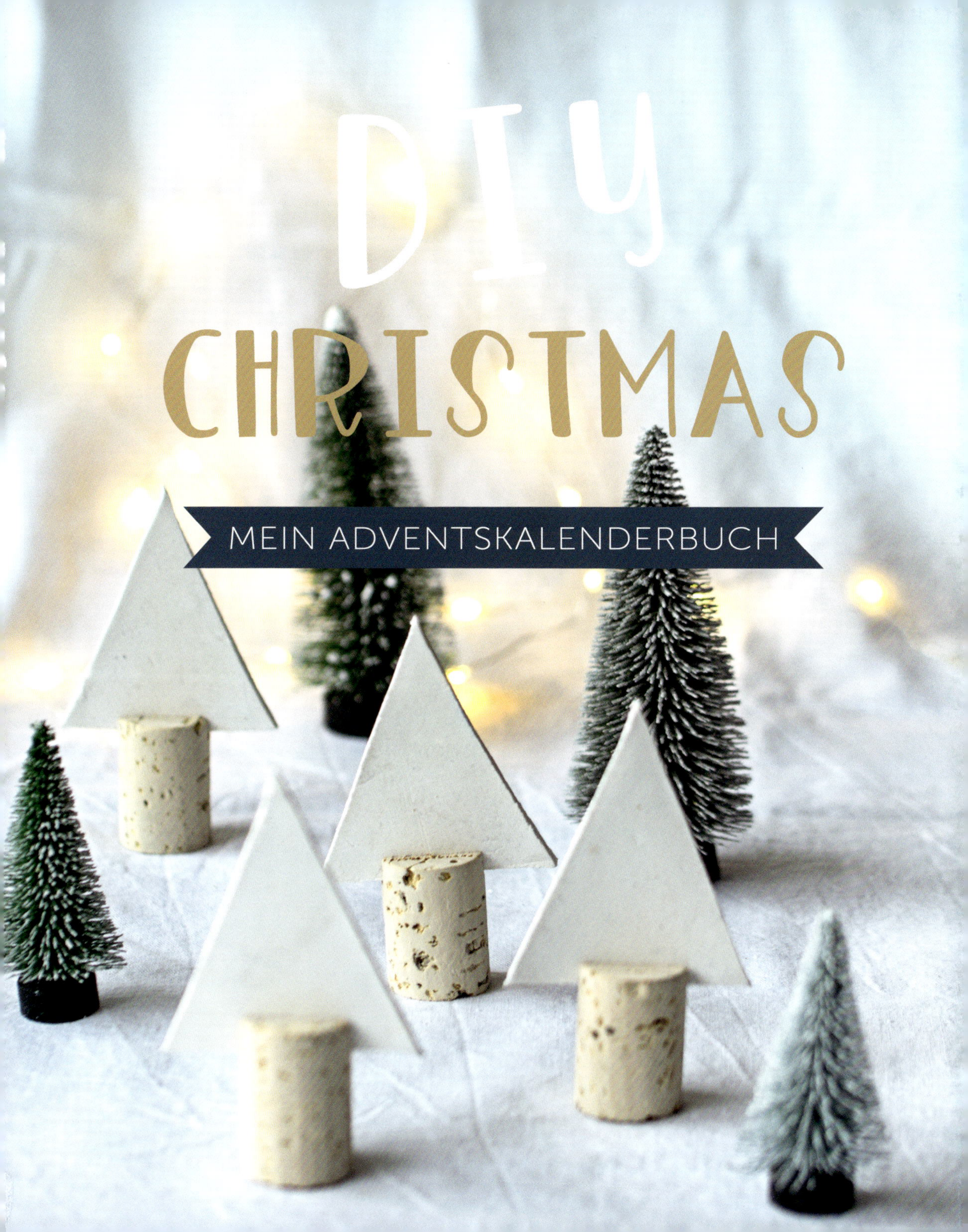
DIY
CHRISTMAS
MEIN ADVENTSKALENDERBUCH

Ina Mielkau

MEIN ADVENTSKALENDERBUCH

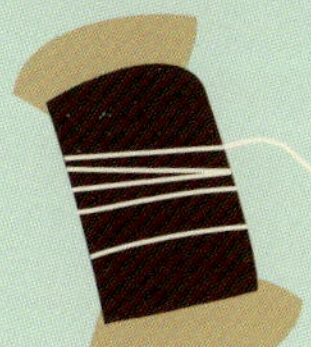

DIY CHRISTMAS

24 Bastelprojekte zum Dekorieren und Schenken

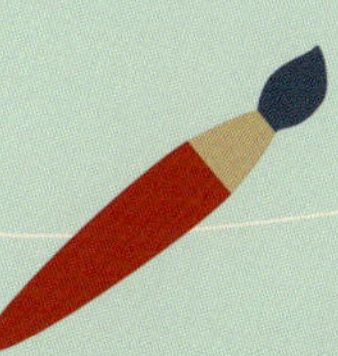

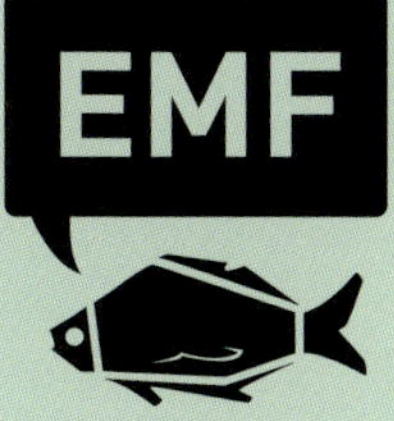

EIN BUCH DER
EDITION MICHAEL FISCHER

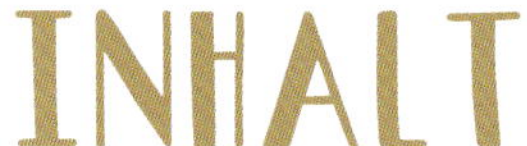

GRUNDLAGEN

PROJEKTE

PSST ... Ab Seite 8 kannst du dich auf kreative DIY-Projekte freuen, die aber natürlich noch nicht verraten werden!

EINLEITUNG

Statt jeden Tag im Advent ein Stückchen Schokolade aus dem klassischen Adventskalender, gibt es in diesem kalorienarmen Adventskalender-Buch hinter jedem "Türchen" eine schöne Bastel- oder Dekoidee für die Weihnachtszeit. Dazu einfach die Perforation der entsprechenden Buchseite vorsichtig öffnen und los geht's. Die Bastel-Projekte sind recht einfach umzusetzen und bringen dich garantiert in Weihnachtsstimmung. Folgende Werkzeuge und Materialien werden benötigt:

WERKZEUGE

- Schere
- Pinsel
- Cutter
- Lineal
- Bohrmaschine
- Ösenzange
- Häkelnadel
- Stempel
- Stempelkissen
- Zollstock
- Heißkleber
- Nadel
- Zirkel

MATERIAL

- Papiere
- Acrylfarbe
- Kerzen
- Klebeband
- Zeitungen
- Schnur
- Wollreste
- Ösen
- Brottüten
- Stoffreste
- Korken
- Zweige
- Zapfen
- Holzklötzchen
- Holzperlen
- Ausstechförmchen
- Backformen
- Sprühlack
- Lackstifte
- Gipsbinden
- Ballons
- Dekosand
- Holzbrett
- kleine Schüsseln
- Modelliermasse
- Blattmetal
- Anlegemilch
- Decoupage Papier
- Klarlack
- Tablett
- Lichterkette
- Styroporplatte
- Kunststoffkugeln
- Krippenfiguren

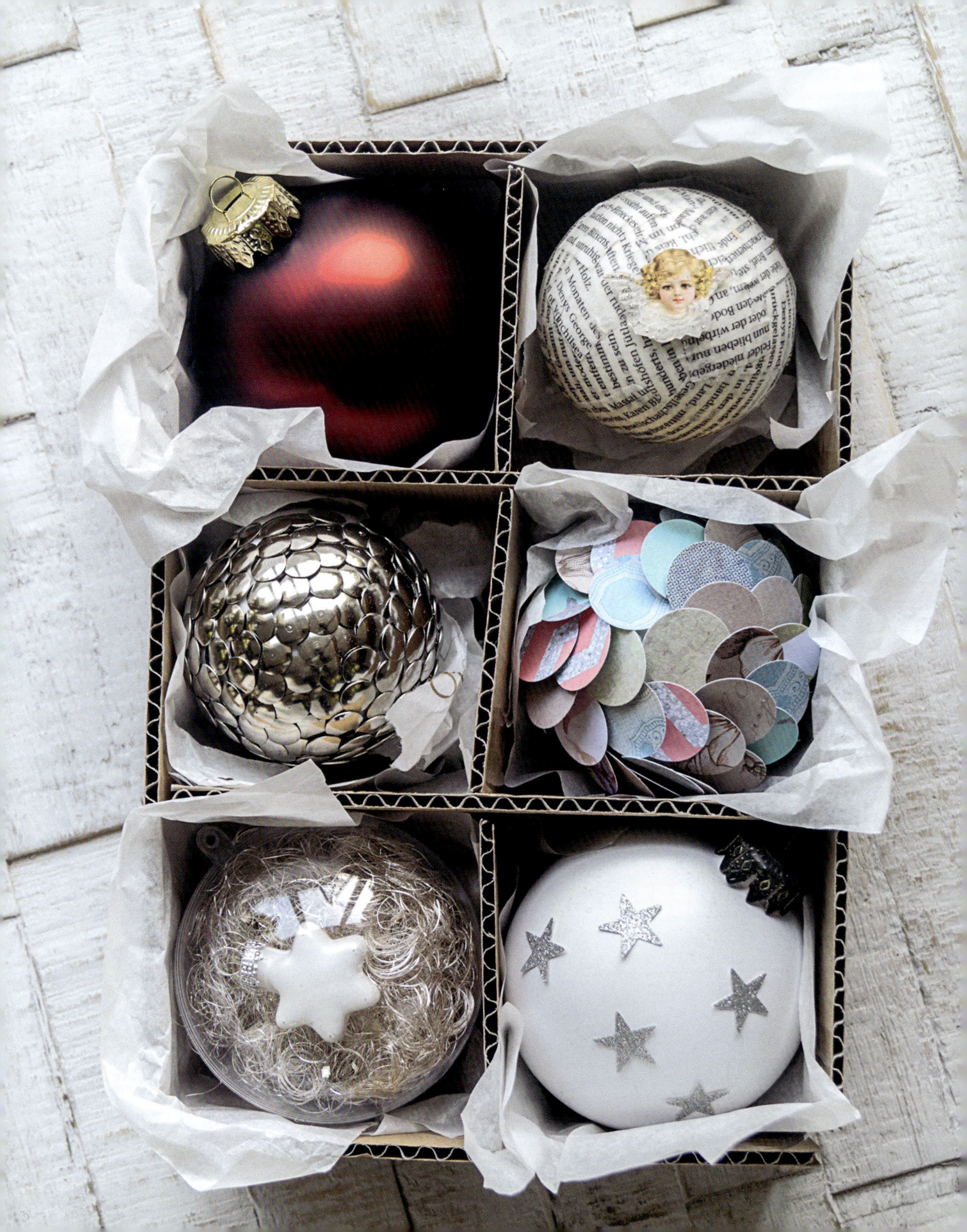

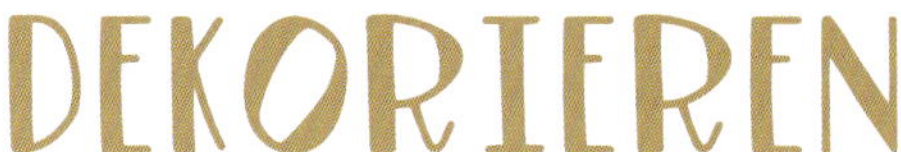

DEKORIEREN

FESTLICH GESCHMÜCKT

Weihnachten ist ja nur einmal im Jahr, da wäre es zu schade, sich dekomäßig auf nur einen Stil festzulegen. Die Projekte in diesem Buch kommen daher aus fünf verschiedene Farbwelten!

Weiße Weihnachten. Das wünschen wir uns alle Jahre wieder. Leider klappt es nicht immer überall. Also helfen wir uns mit weißem Lack, mit Zauberwatte und ganz viel weißem Papier.

Manchmal darf es etwas mehr sein. Mehr Gold. Mehr Glitzer. Mehr Glamour. Dabei muss nicht alles echt sein. Hauptsache es funkelt und strahlt. So vieles lässt sich mit Gold- oder Silberspray ganz einfach in festliche Dekoration verwandeln.

Natürlicher Weihnachtsschmuck bedeutet nicht gleich Strohsterne und Co. Aber natürliche Materialien lassen sich perfekt mit moderner Dekoration kombinieren und haben dadurch ihren ganz eigenen Charme.

Schwarz & weiß: Zwei Farben, die man überall einsetzen kann. Diese Kombi ist immer eine gute Idee und lässt sich auch zur Weihnachtszeit einfach umsetzen. Was letztes Jahr noch bunt war, wird nun cool und stylish.

Längst ist die Zeit vorbei, als es nur silberne Weihnachtskugeln und Lametta gab. Keine Farbe, die man heute nicht bekommt. Und wer es gerne pastellig mag, kommt auch zur Weihnachtszeit voll auf seine Kosten.

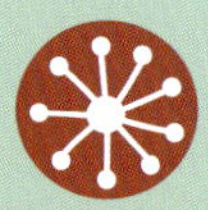

Mir doch

EGAL

WIE ALT

ich bin.

Ich will einen

ADVENTS-
KALENDER.

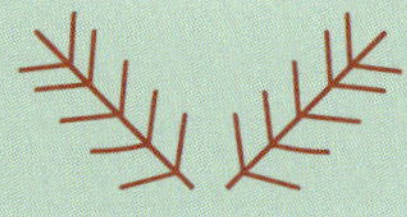

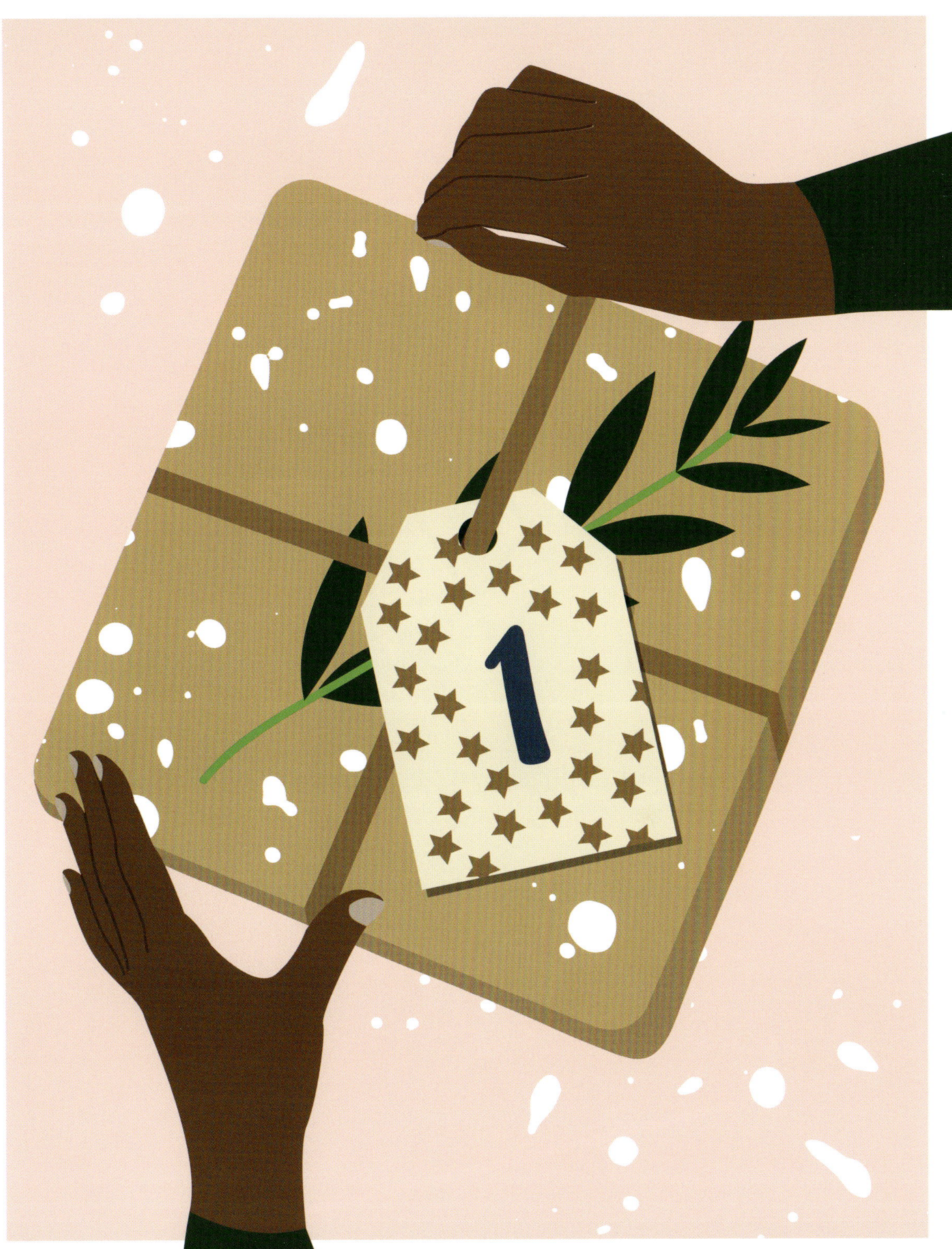
1

Es
LEUCHTEN
wieder die
WEIHNACHTS-
KERZEN
und zaubern
FREUDE
in alle HERZEN

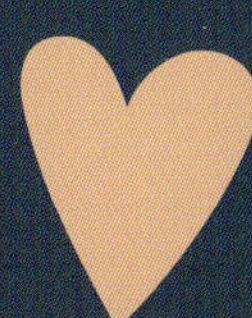

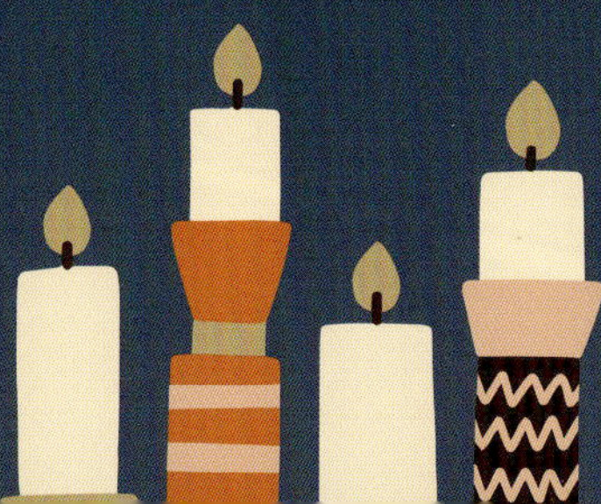

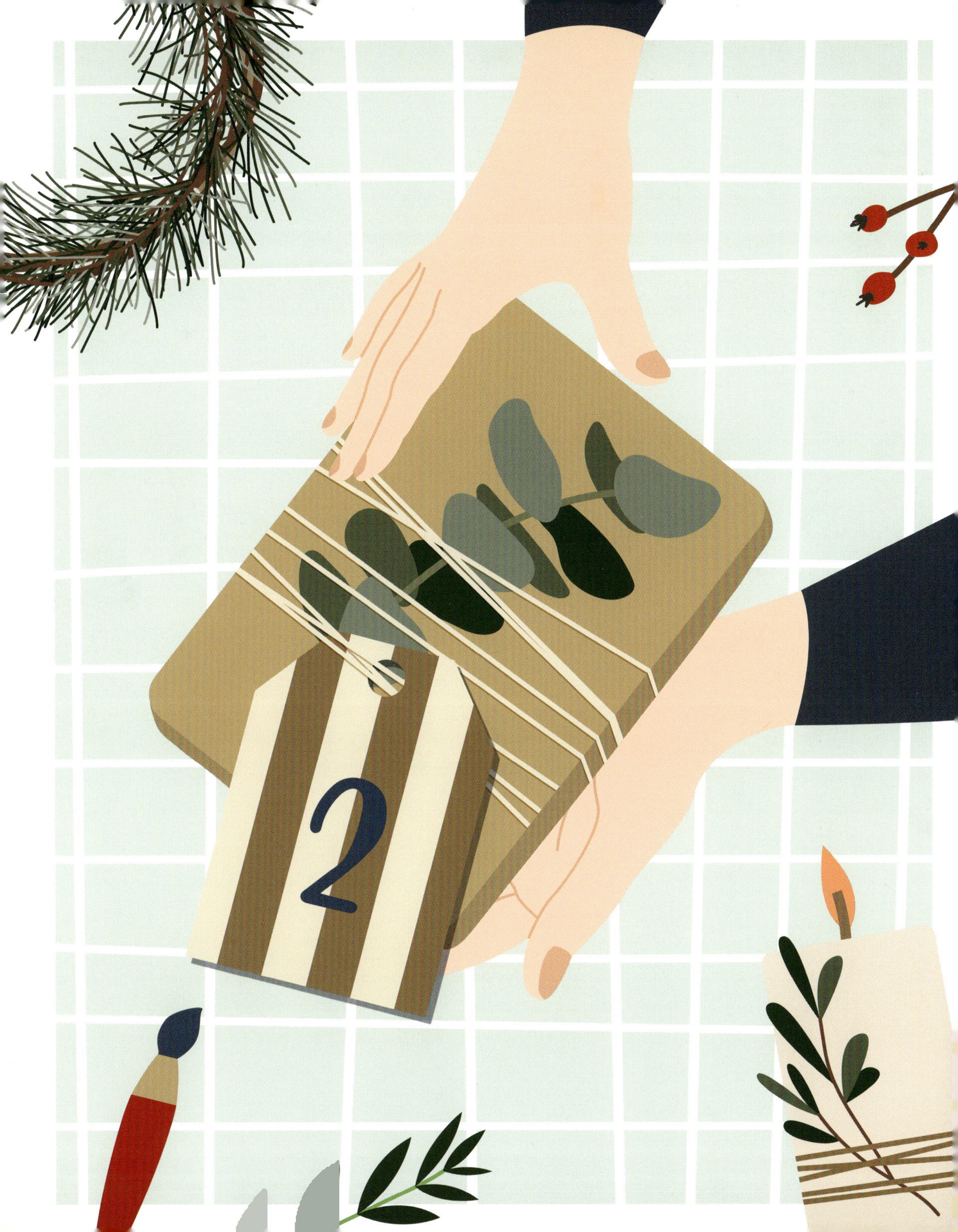
2

KERZENSTÄNDER

AUS WÜRFELN UND KUGELN

MATERIAL

- 4 Holzklötzchen à 5×5cm
- 4 durchbohrte Holzkugeln, Ø2,5cm
- 4 Kerzenhalter
- 4 Kerzen
- Schleifpapier
- weiße Deko-Acrylfarbe
- Pinsel
- Bohrmaschine
- Heißkleber

UND SO GEHT'S

1 Hier wurden die Holzwürfel aus einem langen Holzstab aus dem Baumarkt gesägt. Es geht natürlich auch mit fertig zugeschnittenen Klötzchen. Die Kanten mit Schleifpapier etwas abrunden und mit dem Bohrer in die Mitte ein Loch für die Kerzenhalter bohren.

2 Anschließend die Würfel und Kugeln in der gewünschten Farbe bemalen und gut trocknen lassen.

3 Die Kerzenhalter dann jeweils durch die Kugel stecken und zusammen mit etwas Heißkleber in der Bohrung des Würfels verkleben. Nach dem Trocknen des Klebers können die Kerzen aufgesteckt werden.

TIPP

Die Kerzenständer lassen sich auch prima zu einem „Adventskranz" zusammenstellen, durch die Einzelteile passt er sich perfekt jedem Platz an.

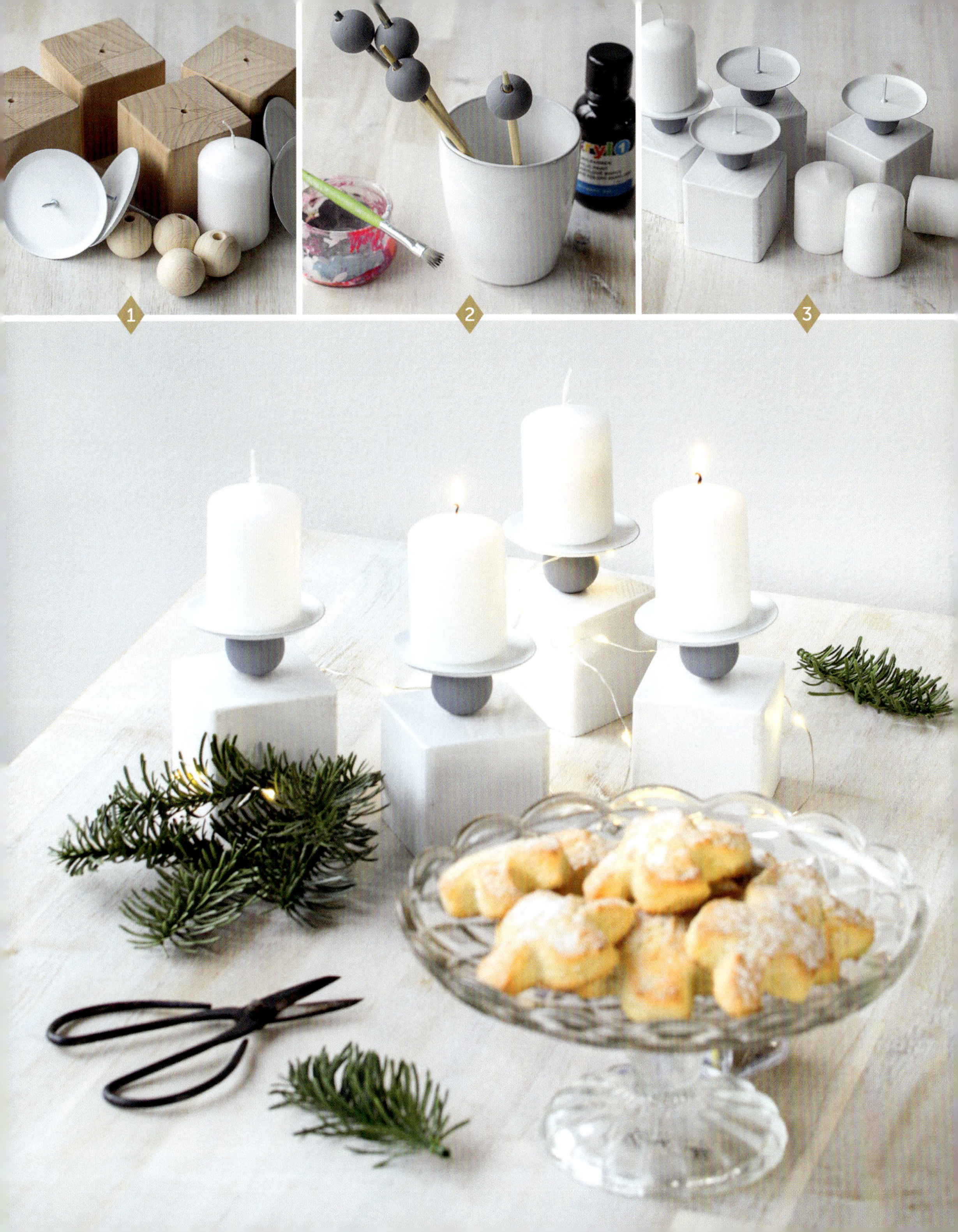
1
2
3

Crafting

FILLS MY LIFE

... AND
MY KITCHEN
TABLE, CLOSETS,
BEDROOM,
LIVING ROOM ...

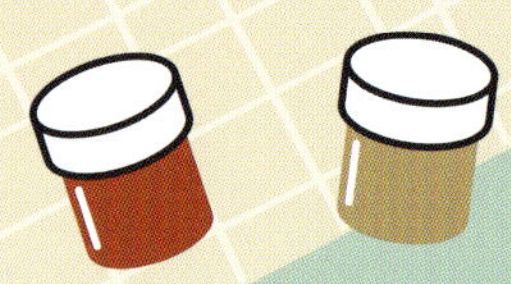

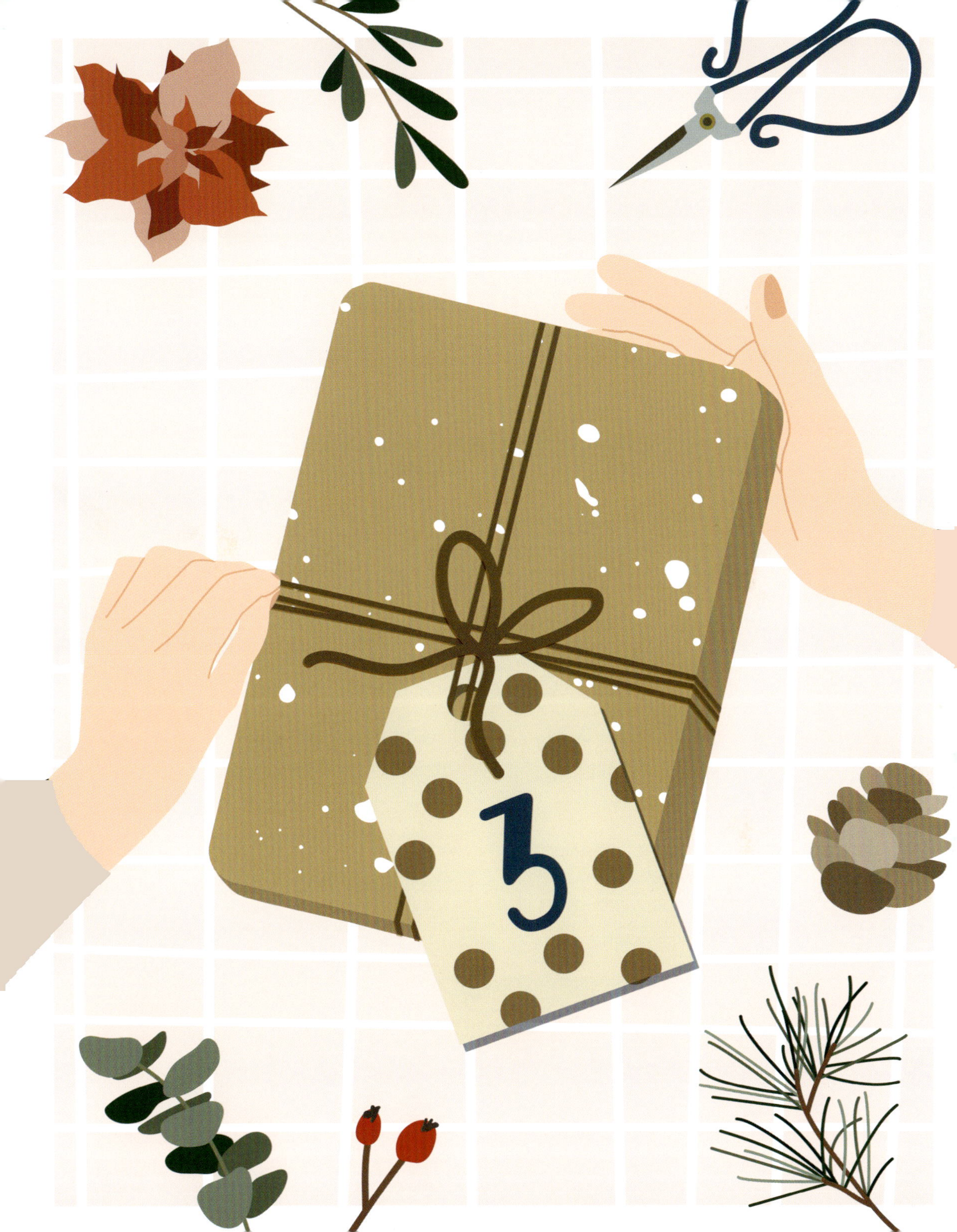
3

3

PAPIER-DIAMANTEN

DIAMONDS ARE FOR CHRISTMAS

MATERIAL

- Weißes Papier, ca. 160 g
- Cutter
- Lineal
- Kleber
- Nadel
- Faden

UND SO GEHT'S

1 Die Diamantvorlage 1 (siehe Seite 107/108) auf festes Papier kopieren und ausschneiden. Zu Beginn die Falzkanten mit dem Cutter vorsichtig anritzen, damit sie sich besser falten lassen. Mit Kleber die Vorlage zu einem dreidimensionalen Diamanten zusammenkleben. Mit der Nadel einen Bindfaden zum Aufhängen anbringen.

2 Die Diamantvorlage 2 (siehe Seite 108) auf festes Papier kopieren und mit Cutter und Lineal ausschneiden. Erst die inneren Teile ausschneiden, dann den gesamten Diamanten. Oben in der Mitte mit der Nadel einen Bindfaden anbringen.

TIPP

Findet man beim Spazierengehen oder im Garten nicht genug kleine Äste, kann man eine Vase auch einfach mit ein paar „falschen" Zweigen aus dem Dekoshop bestücken – das merkt doch keiner. Die Diamanten sind schließlich auch nicht echt ...

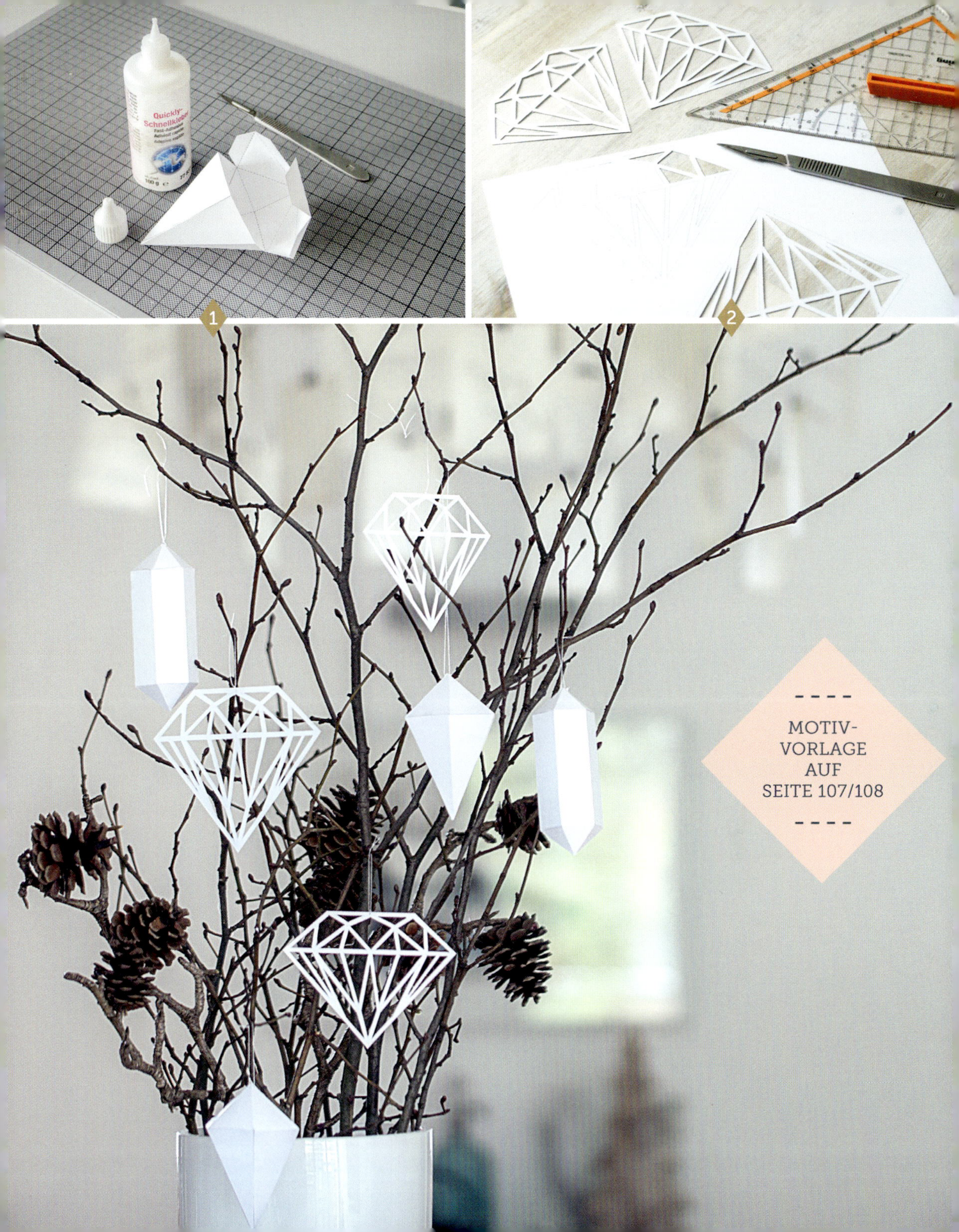
1
2
MOTIV-
VORLAGE
AUF
SEITE 107/108

LIFE HAPPENS,

CRAFTING

HELPS.

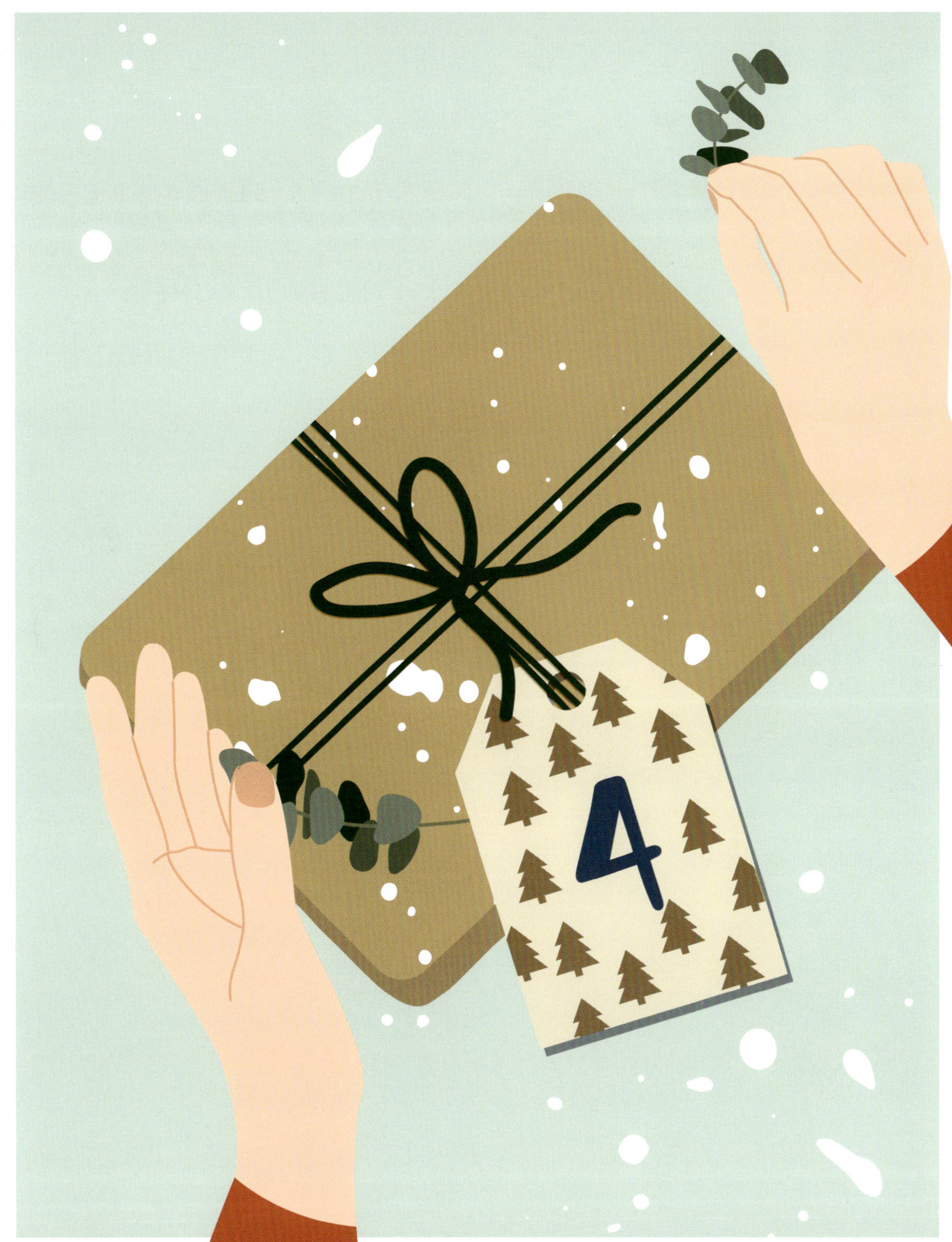
4

4

FAMOOSE WALDPLÄTZCHEN

MOOS-MOTIVE AUS AUSSTECHFÖRMCHEN

MATERIAL

- Moos (aus dem Wald)
- Ausstechförmchen

UND SO GEHT'S

1 Moos in kleine Stücke zerteilen und jeweils ein Stück in die verschiedenen Ausstechförmchen drücken. Anschließend beiseitelegen und trocknen lassen.

2 Nach ein paar Tagen das Moos vorsichtig aus den Förmchen lösen und nach Lust und Laune zum Dekorieren verwenden.

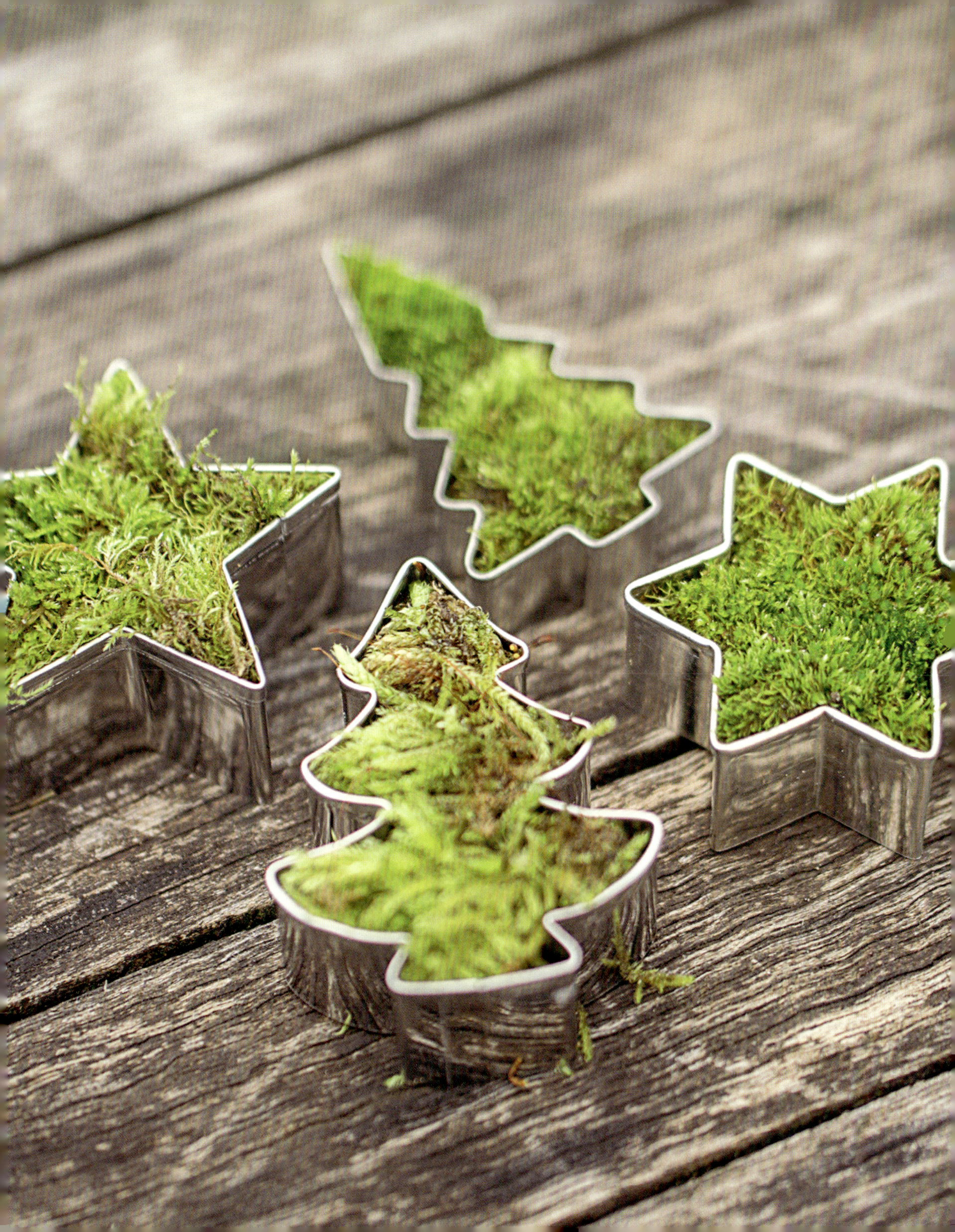

DAS GLÜCK HAT 7 BUCHSTABEN:

BASTELN

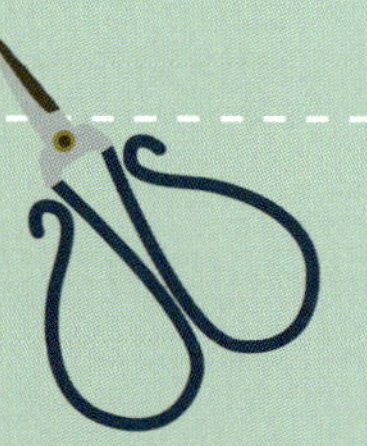

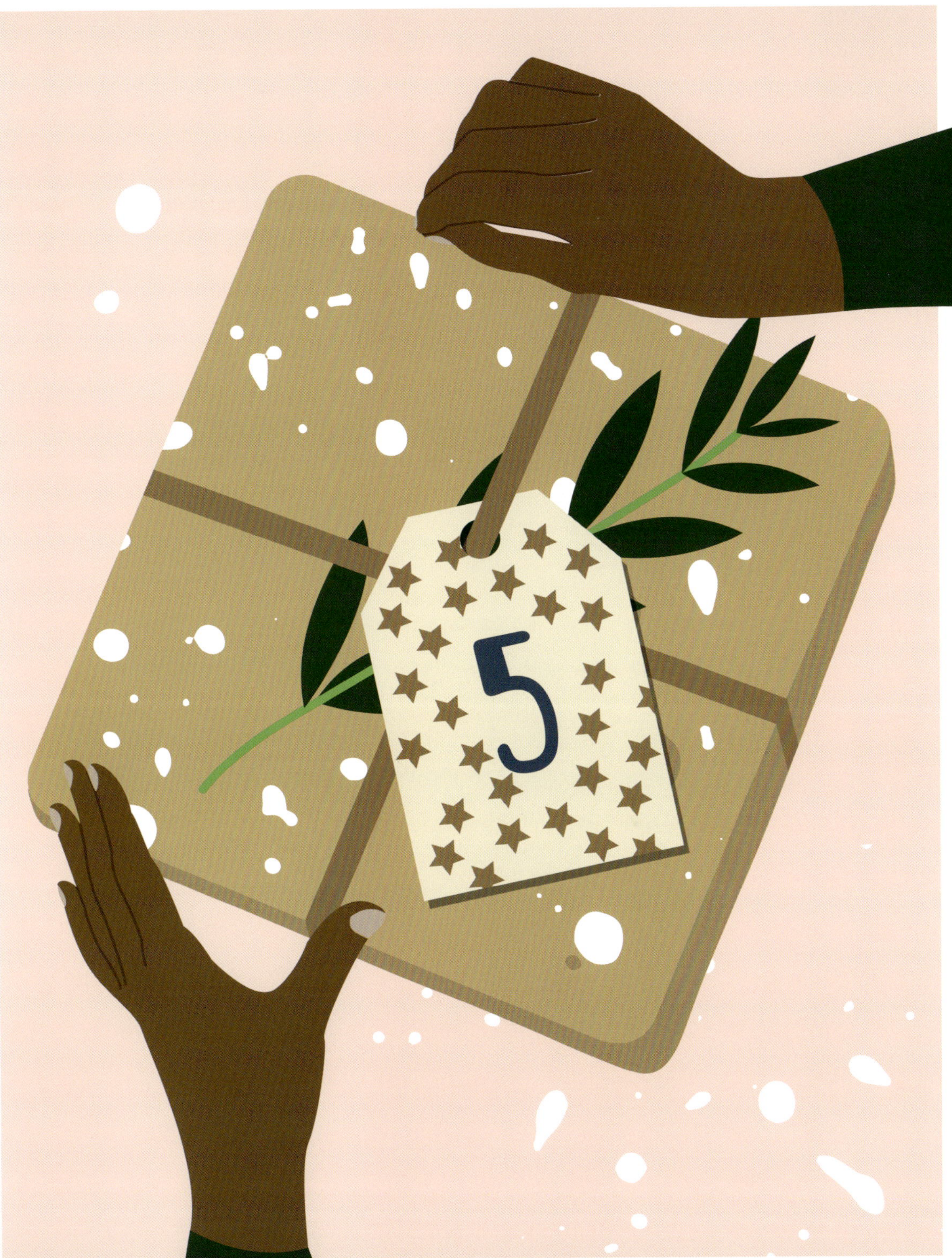
5

FRISCH GEZAPFT

BUNTE WEIHNACHTSZAPFEN

MATERIAL

- Zapfen (aus dem Wald)
- Sprühlack in verschiedenen Farben (z.B. silber, weiß, blau oder gold)

UND SO GEHT'S

1 Tannen- oder Fichtenzapfen im Wald sammeln (am besten solche, die schon etwas geöffnet sind). Zuhause auf eine größere Unterlage legen und gegebenenfalls noch an einem warmen Ort trocknen lassen.

2 Mit verschiedenen Farben nach Belieben von allen Seiten besprühen und anschließend trocknen lassen.

TIPP

Man kann den Zapfen auch nur teilweise einfärben. Wenn man z. B. mit einem Acryl Metallic Marker nur die Spitzen des Zapfen anmalt, sieht das ebenfalls sehr hübsch aus.

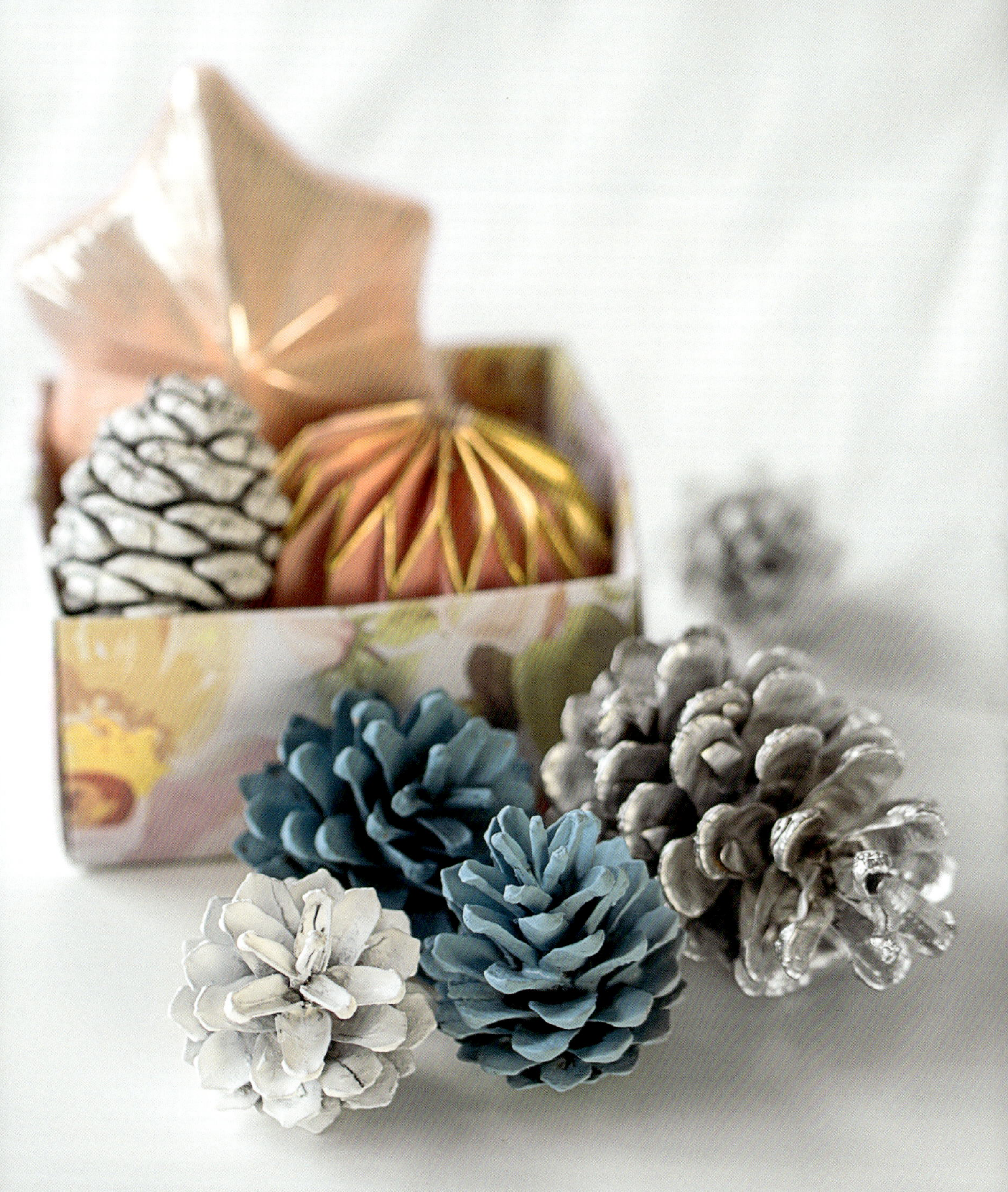

A

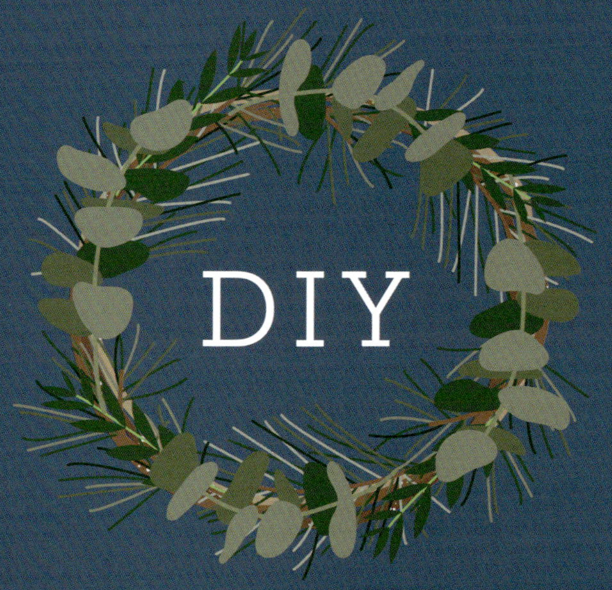

a day

keeps the

WEIHNACHTSSTRESS

away.

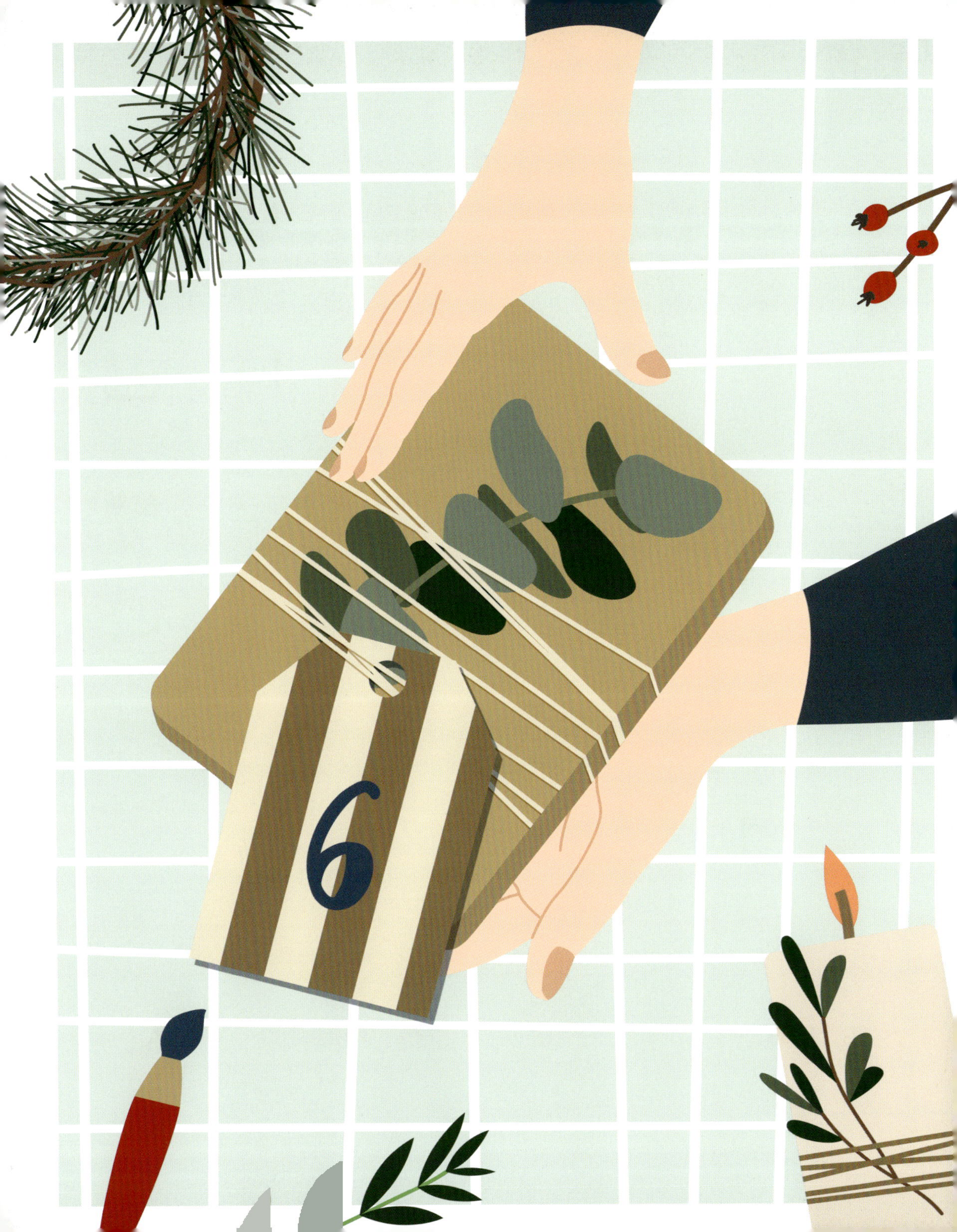
6

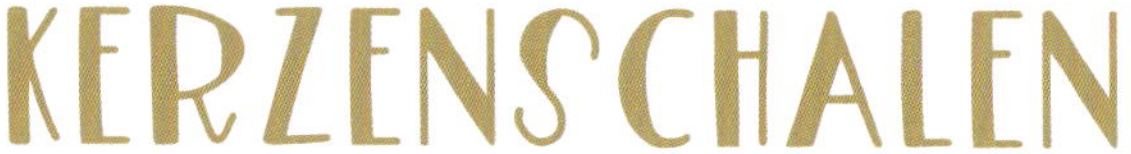

KERZENSCHALEN

AUS GIPS

MATERIAL

- 3 Gipsbinden, 5 x 300cm lang
- Schere
- Luftballons
- Schüssel mit Wasser
- Becher
- Nadel
- goldene Deko-Acrylfarbe
- Dekosand
- Kerzen
- Frischhaltefolie

UND SO GEHT'S

1 Eine Unterlage mit Folie auslegen, die Ballons in gewünschter Größe aufblasen und in die Becher stellen. Die Gipsbinden in 4cm lange Stücke schneiden.

2 Die Gipsbinden durchs Wasser ziehen, kurz abtropfen lassen und auf dem Ballon glatt streichen. Stück für Stück mindestens drei Schichten um den Ballon legen, überlappend vorgehen und jedes Stück glatt streichen. Über Nacht trocknen lassen.

3 Die Ballons vorsichtig mit einer Nadel anstechen, die Luft entweichen lassen und aus den Schalen lösen. Nun die Schalen komplett durchtrocknen lassen.

4 Das Innere der Schalen mit Farbe anpinseln und trocknen lassen. Auf einem größeren Tablett mit etwas Dekosand arrangiert, erhalten die Formen ausreichend Standfestigkeit. Nun fehlen nur noch die Kerzen.

TIPP

Da der Gips auch später noch bröselig ist und abfärbt, sollte man die Oberfläche auf jeden Fall streichen. Mit weißer Farbe oder einfach mit Klarlack.

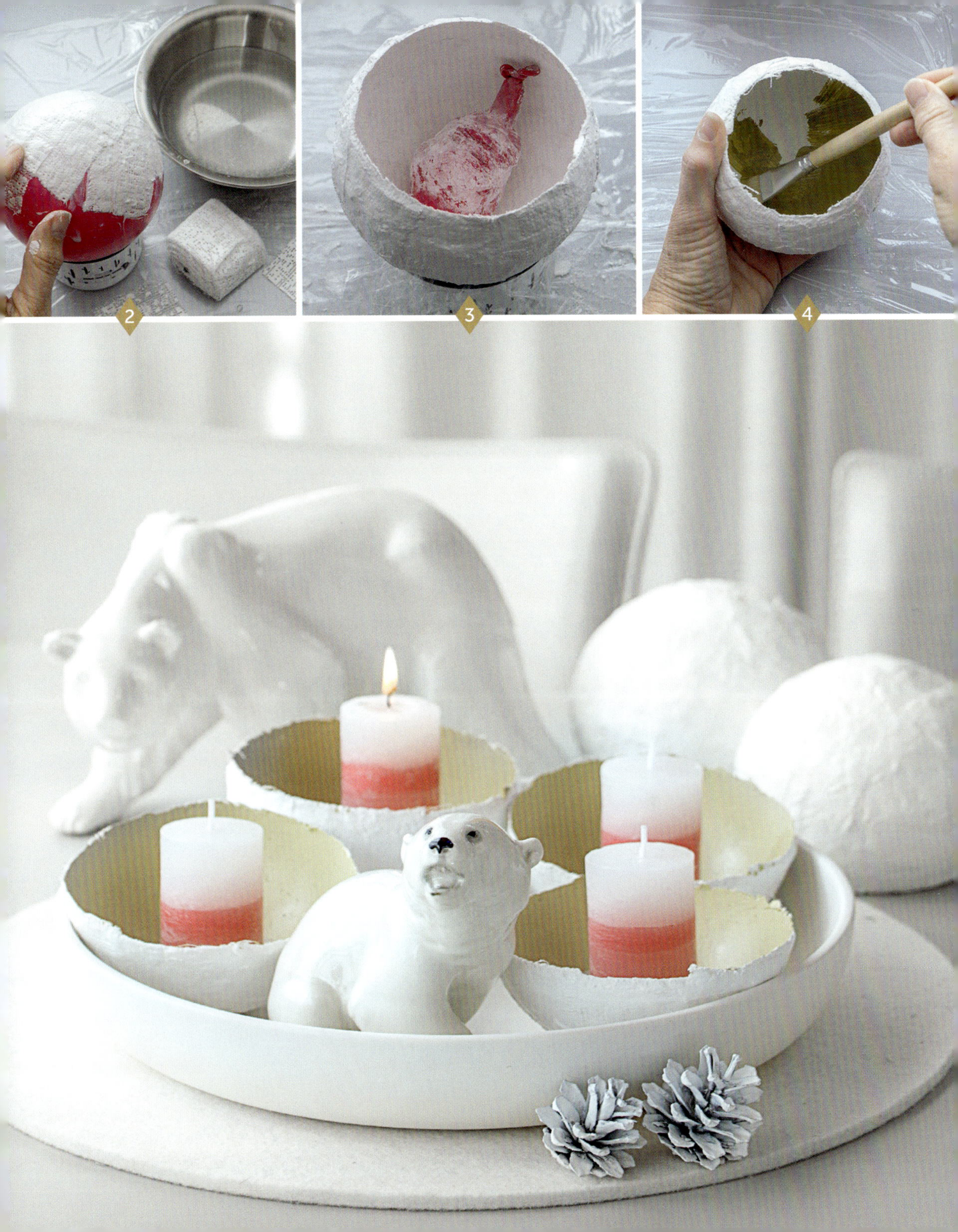

2
3
4

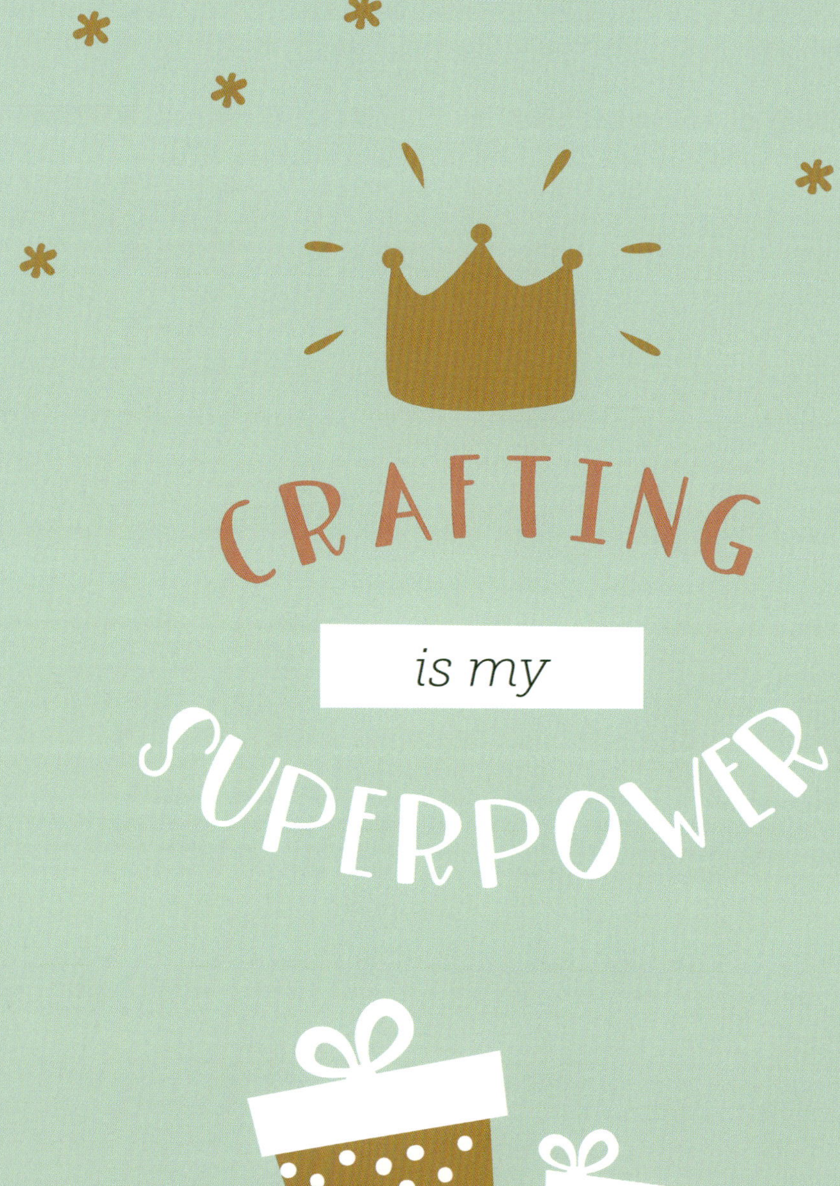
CRAFTING
is my
SUPERPOWER

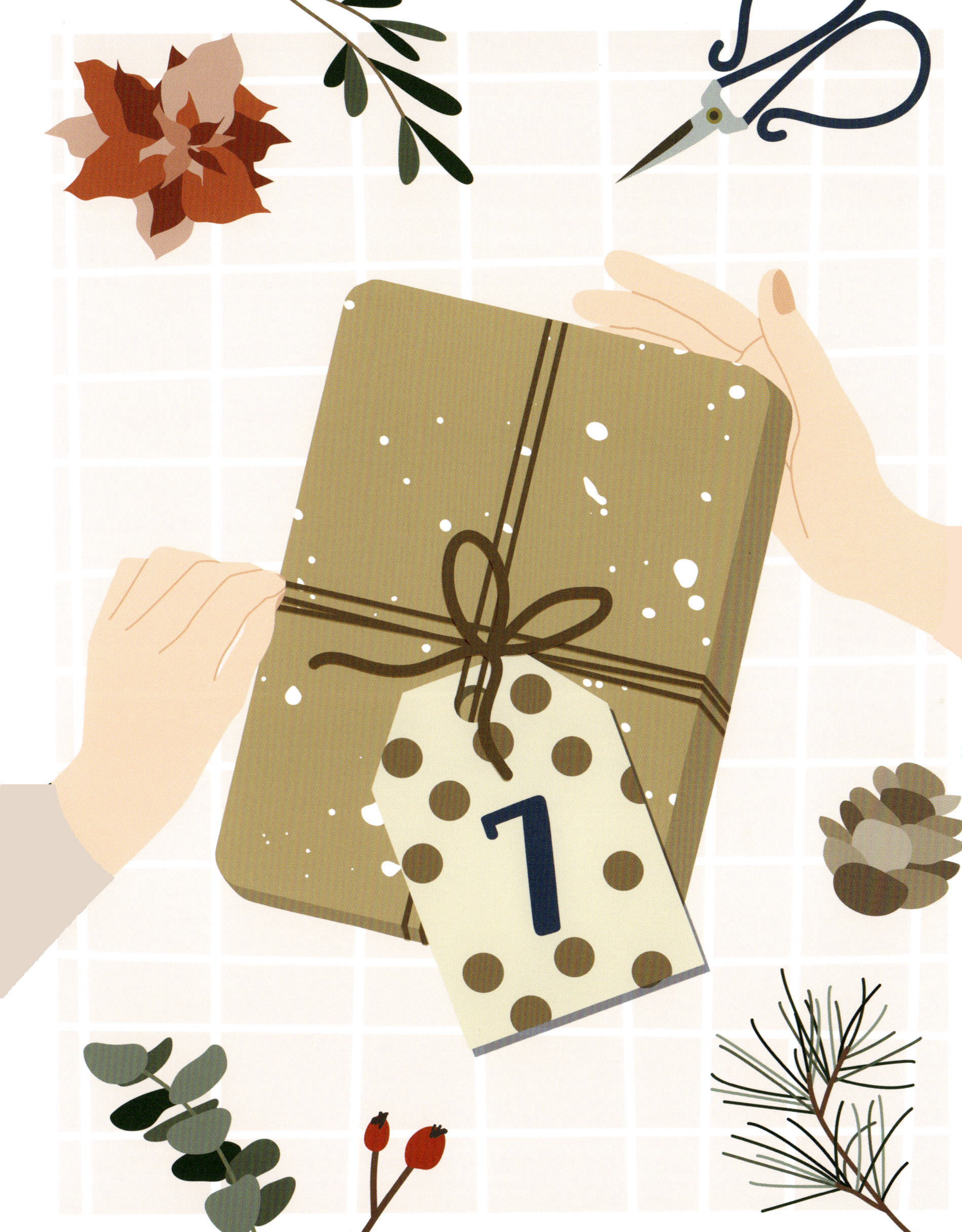
7

7

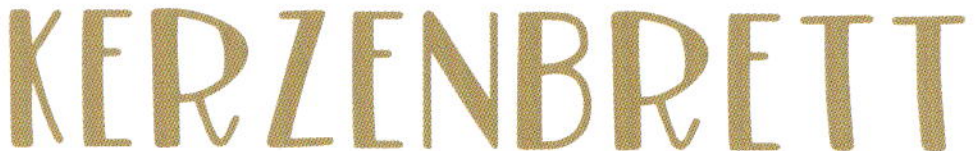

KERZENBRETT

MIT TEELICHTERN

MATERIAL

- altes Holzbrett
- 4 kleine Schüsseln
- 4 Teelichter
- kleine Tannenzweige
- ein paar kleine Zapfen

UND SO GEHT'S

1 Das Holzbrett vorbereiten und die vier Teelichter in die kleinen Schüsseln legen. Die Teelichter in einer Reihe auf das Holzbrett stellen.

2 Die Zweige und die kleinen Zapfen um die Teelichter herum arrangieren.

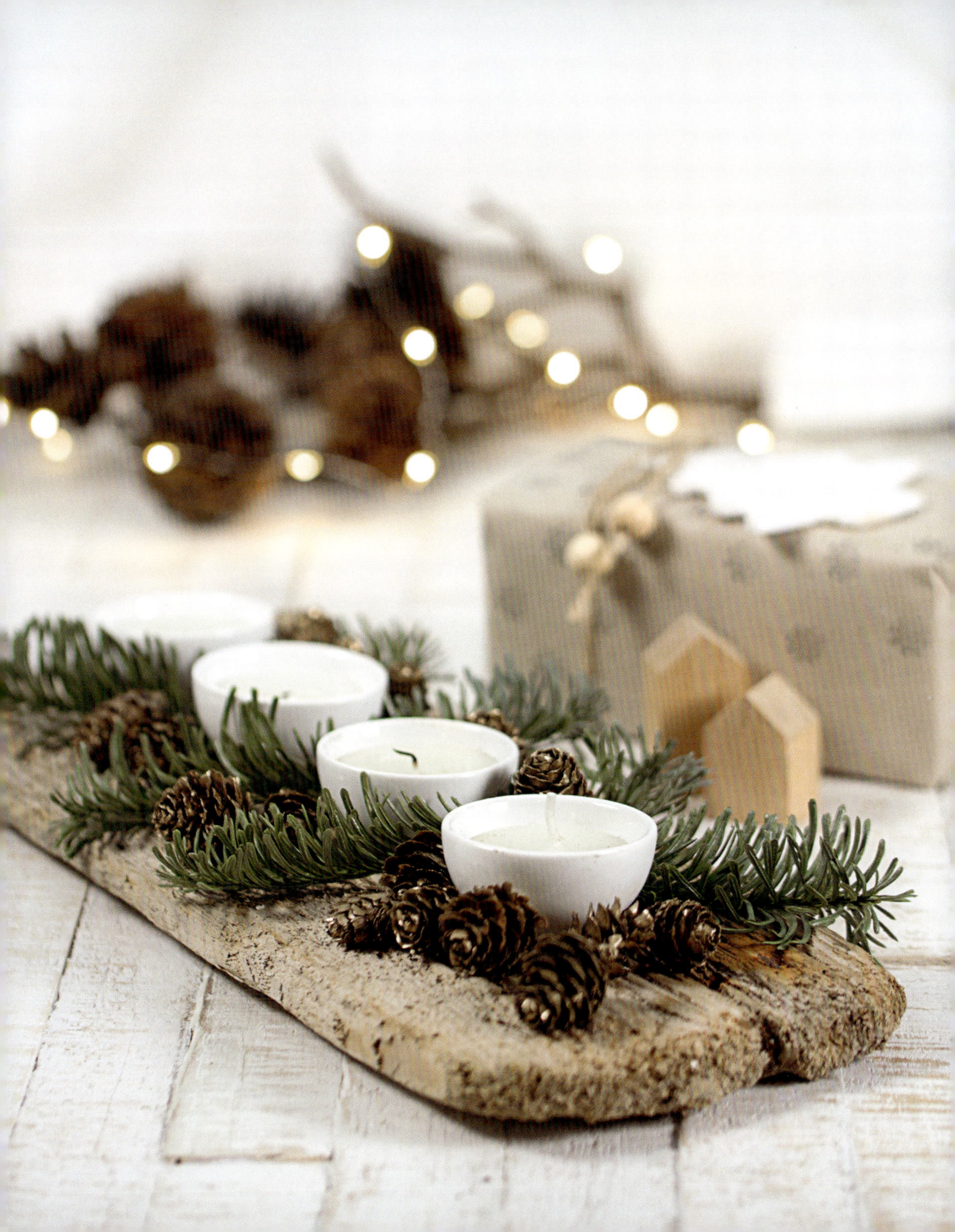

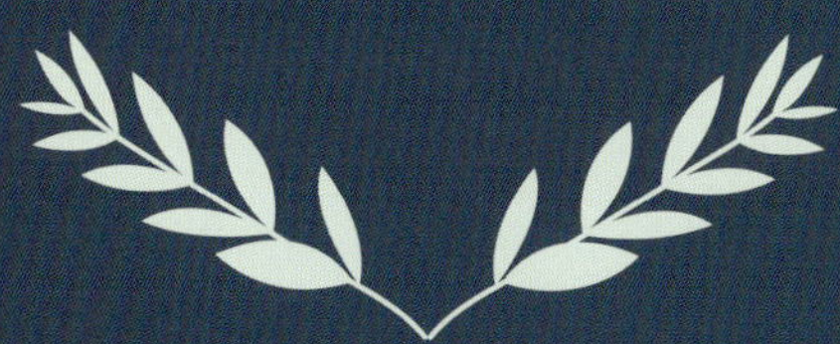

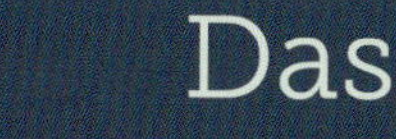

Das

LEBEN

ist zu kurz,

um nicht zu

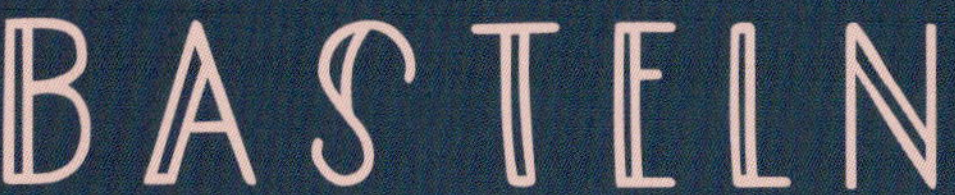

BASTELN.

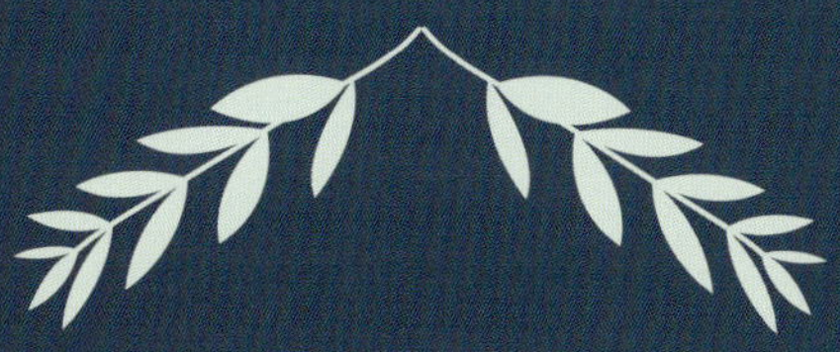

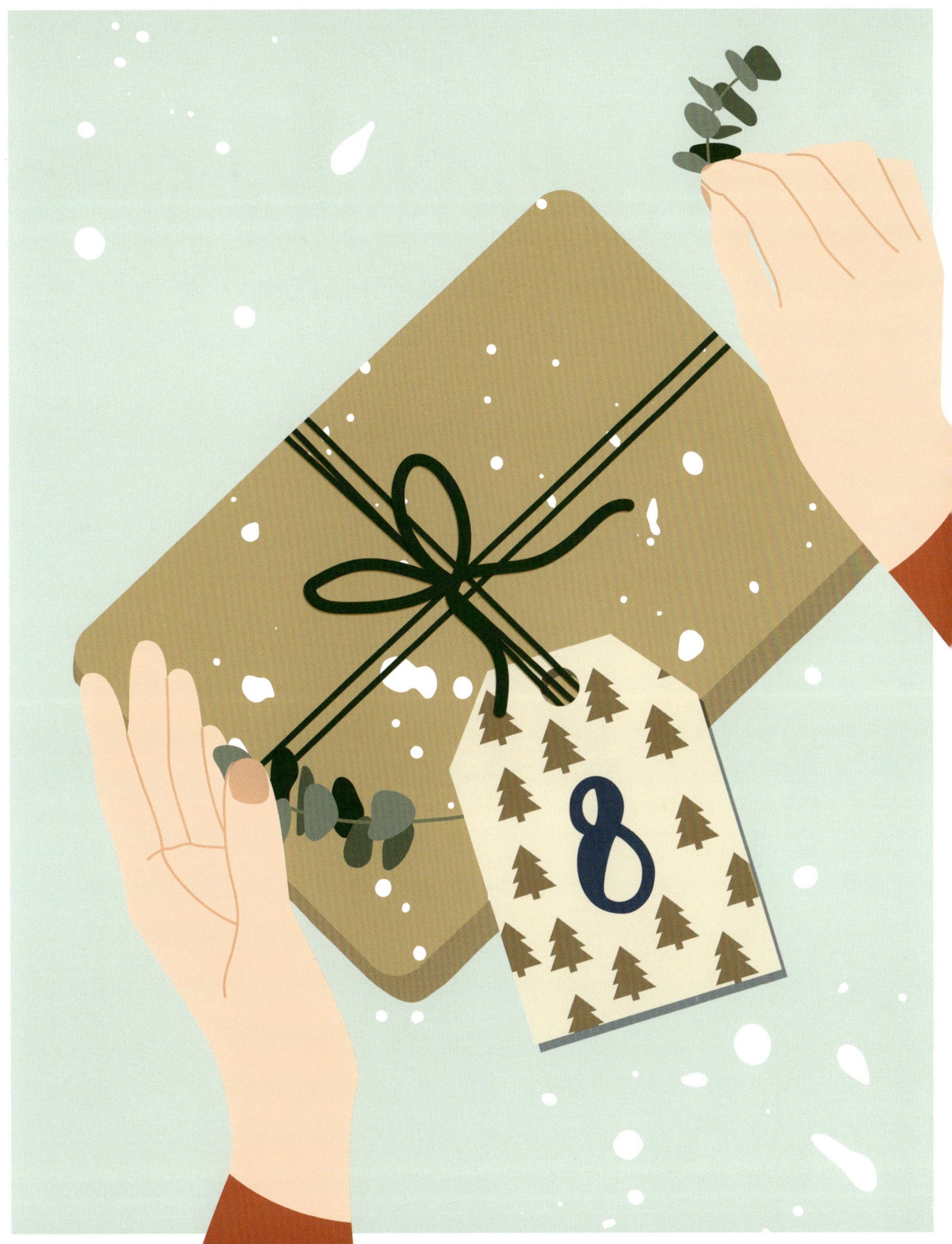
8

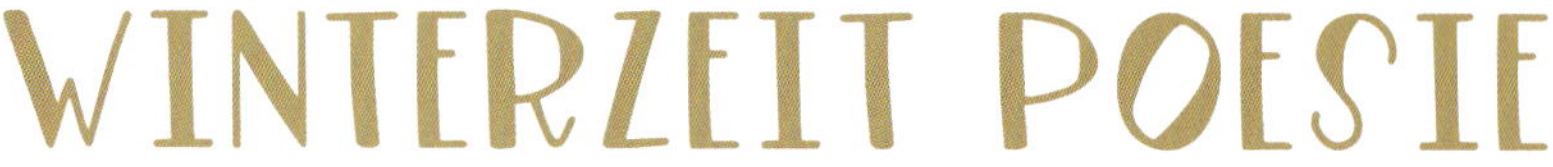

WINTERZEIT POESIE

STERNE AUS BUCHSEITEN

MATERIAL

- Alte Buchseiten
- Lineal
- Cutter
- Schnur

UND SO GEHT'S

1 Acht Teile à 10 x 5cm aus alten Buchseiten schneiden und über die Längsseite nach oben falten. Die oberen, offenen Ecken jeweils beide nach unten knicken. Anschließend alle acht Teile in der Mitte zusammenfalten.

2 Nun steckt man die jeweilige Spitze eines Teils in die zuvor entstandenen kleinen Taschen eines zweiten Teils, bis sich der Kreis zum Stern schließt.

3 Zum Schluss in eine Zacke ein Loch stanzen und eine Schnur zum Aufhängen durchfädeln. Zu kleinen Paketen geschnürt kann man die Sterne auch als hübsche Adventsaufmerksamkeit verschenken. Eine gute Alternative zu Plätzchen.

TIPP

Ein einfaches Upcycling-Projekt: Nicht nur Bücher und Zeitungen, sondern auch bunte Seiten aus Hochglanz-Magazinen eignen sich hier ganz prima.

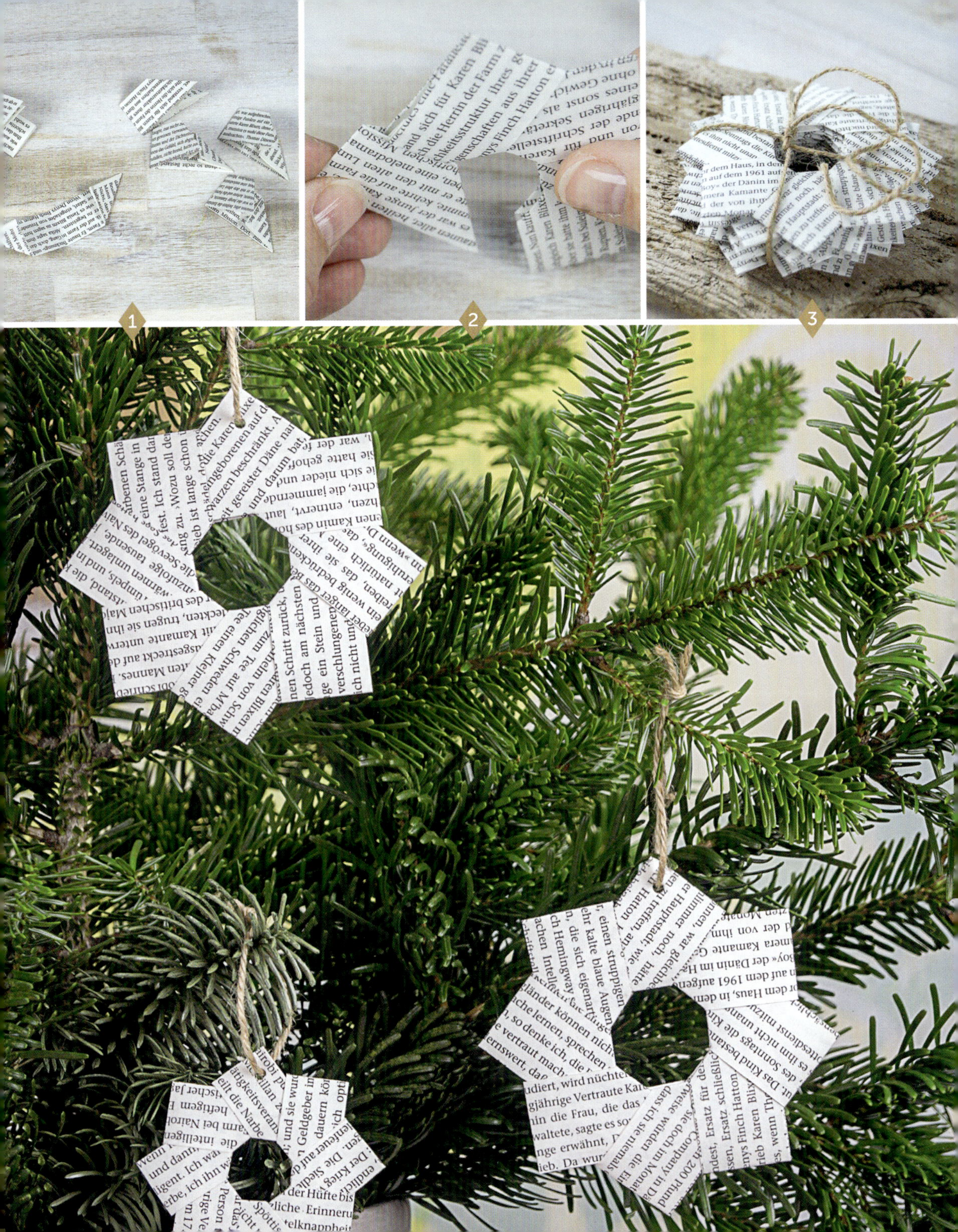
1
2
3

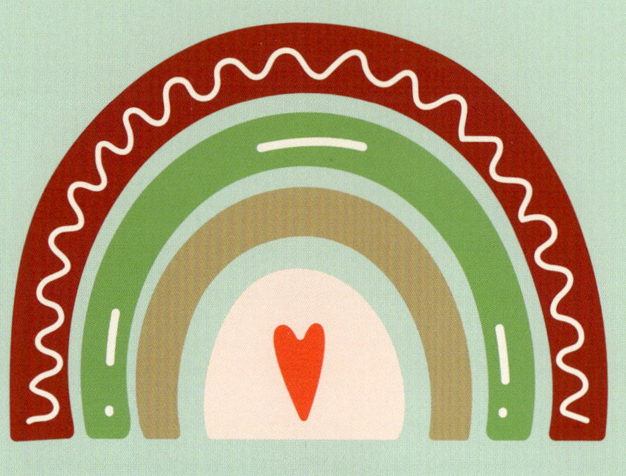

make

CRAFTS

not war.

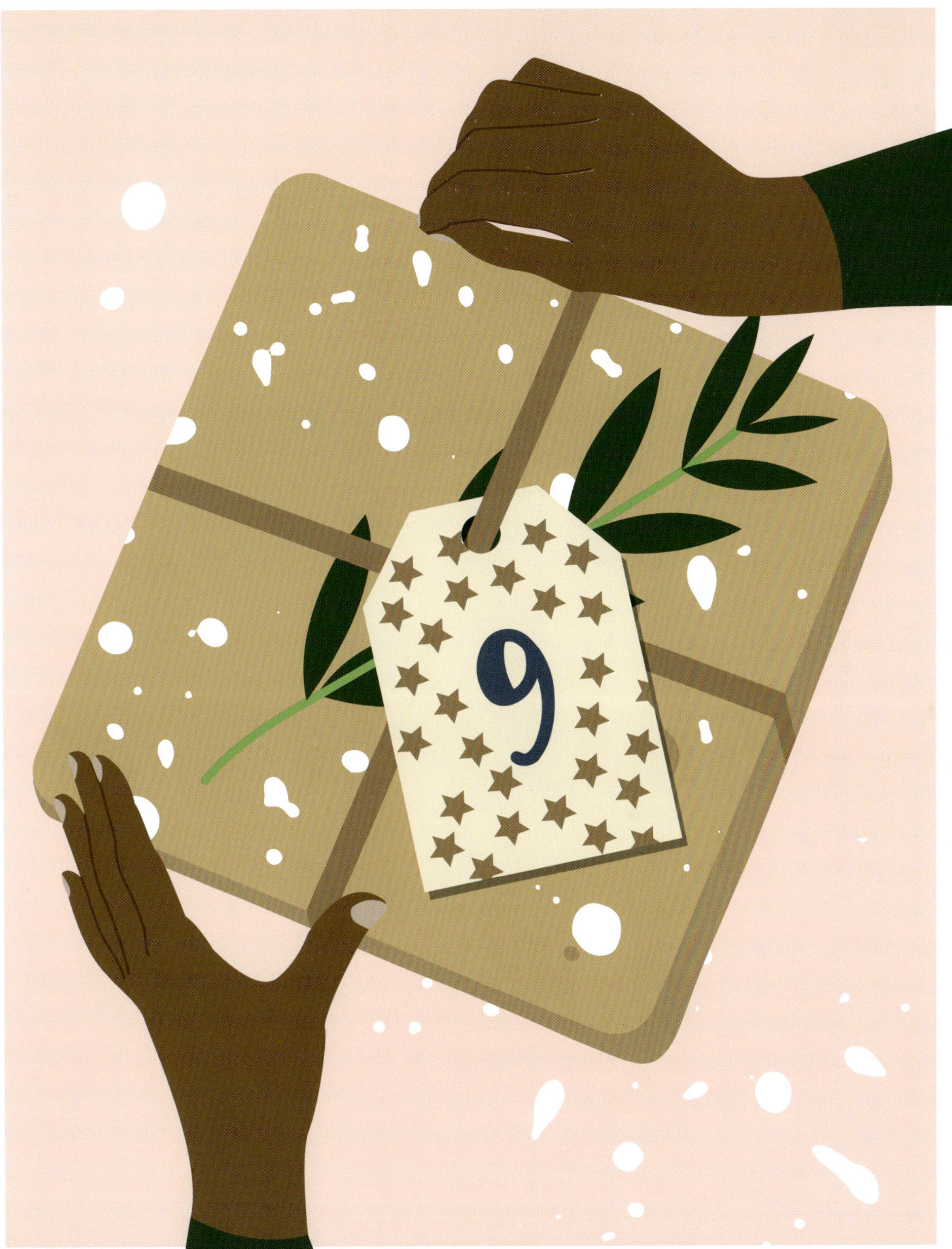
9

9

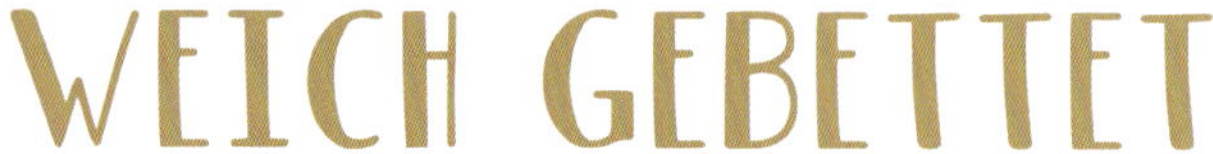

TEELICHTER IM TANNENNADELBETT

MATERIAL

- alte Flaschen + Glasschneider (alternativ einen offenen Glasbehälter)
- Tannennadeln
- Teelichter (in einer kleinen Schüssel)

UND SO GEHT'S

1 Die Flaschen etwas unterhalb vom Hals mit dem Glasschneider möglichst gleichmäßig durchschneiden. Die Kante vorher am besten mit einem Klebebandstreifen markieren.

2 Die abgeschnittenen Flaschen bzw. die Glasbehälter mit Tannennadeln befüllen. Die Teelichter auf das Tannennadelbett stellen.

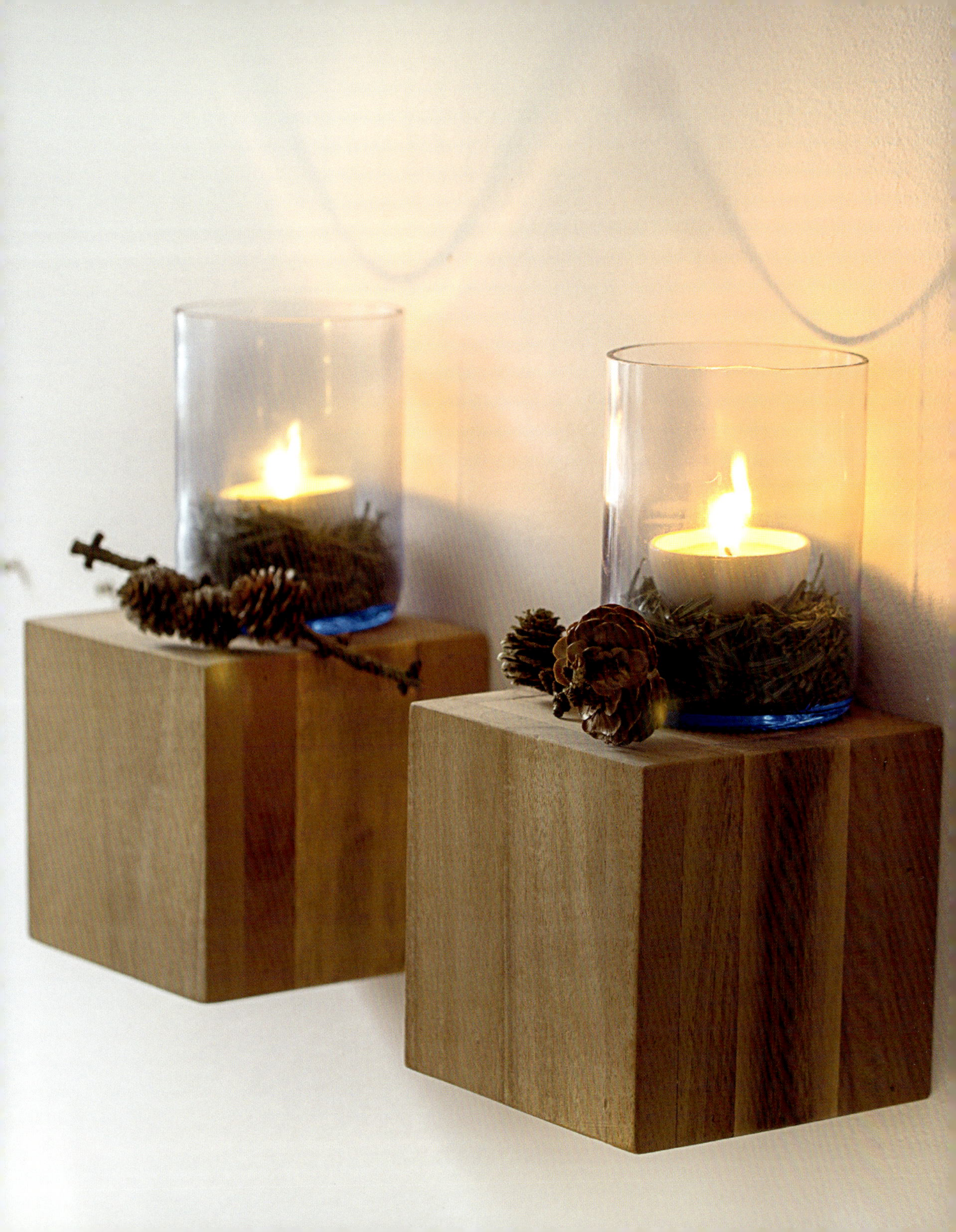

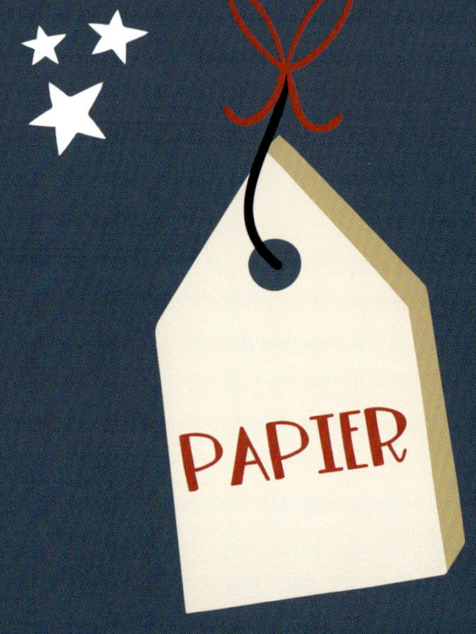

IST

GEDULDIG,

ICH NICHT.

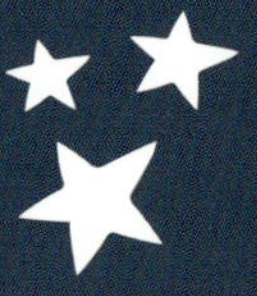

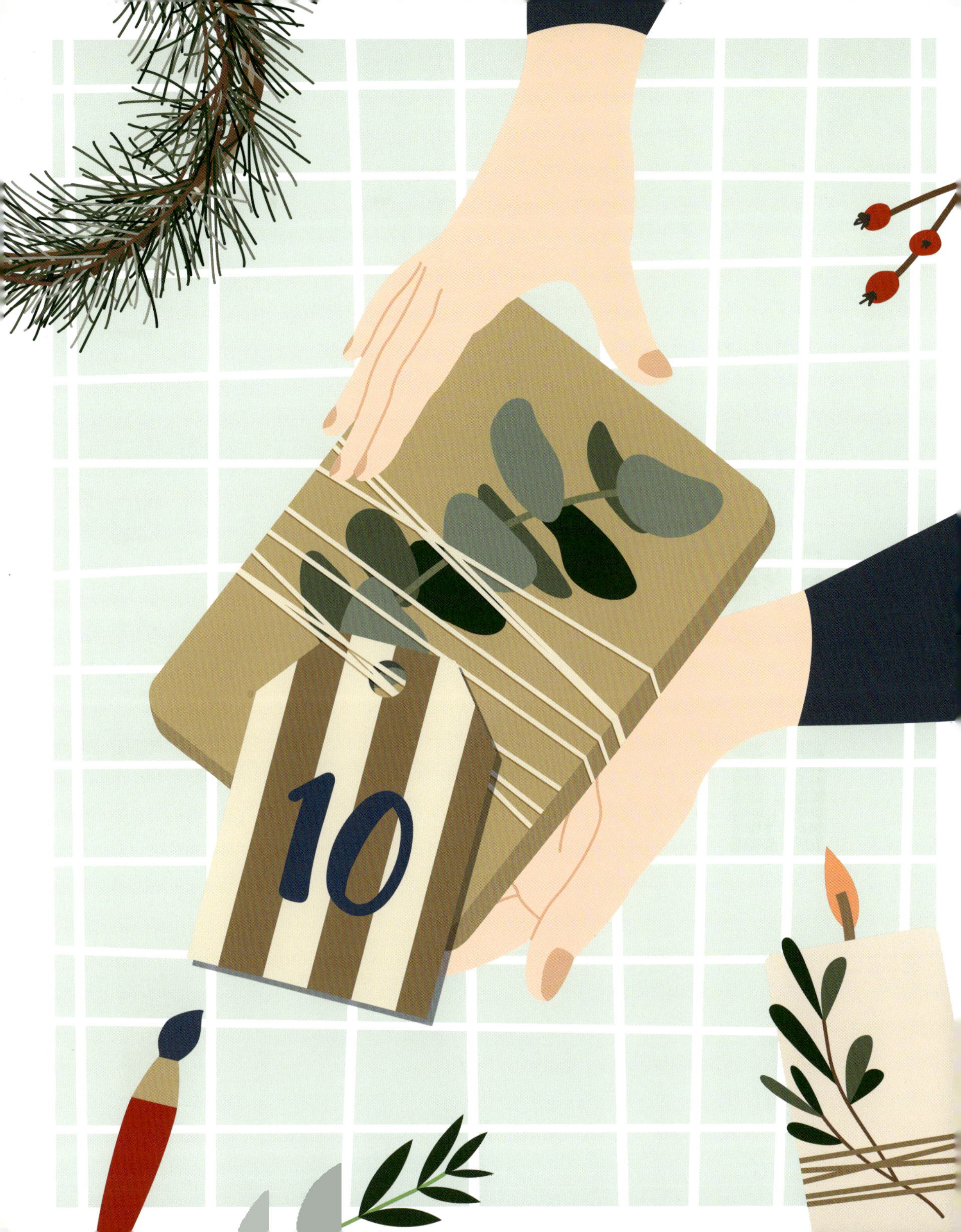
10

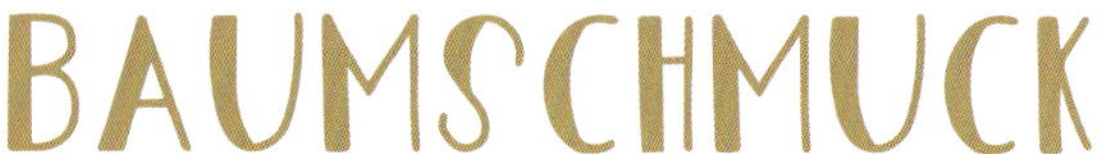

BAUMSCHMUCK

AUS MODELLIERMASSE

MATERIAL

- Modelliermasse in Weiß
- Ausstechformen
- Blattmetall
- Decoupage Papier
- Anlegemilch
- Überzugslack
- Pinsel
- Pinzette
- Schnur

UND SO GEHT'S

1 Zunächst einmal die Modelliermasse ausrollen und die Formen ausstechen. Während die Masse gut antrocknet, ein Loch für die Aufhängung stechen. Mit der Anlagemilch die zu vergoldenden Stellen einpinseln und ca. 20 Minuten warten.

2 Dann kleine Stücke Blattgold mit einer Pinzette auflegen und mit dem Pinsel festtupfen. Ebenso mit dem Decoupage Papier verfahren, hierzu einfach kleine Stücke in Form reißen. Alles gut trocknen lassen.

3 Danach alles vorsichtig mit dem Überzugslack einpinseln. Nach dem Trocknen noch eine Schnur durch das Loch fädeln – und schon ist der Baumschmuck oder der Geschenkanhänger fertig.

TIPP

Modelliermasse kann man auch selbst herstellen. Zum Beispiel mit einer Mischung aus Natron und Speisestärke. Unter dem Schlagwort Kaltporzellan findet man verschiedene Rezepte und Anleitungen im Internet.

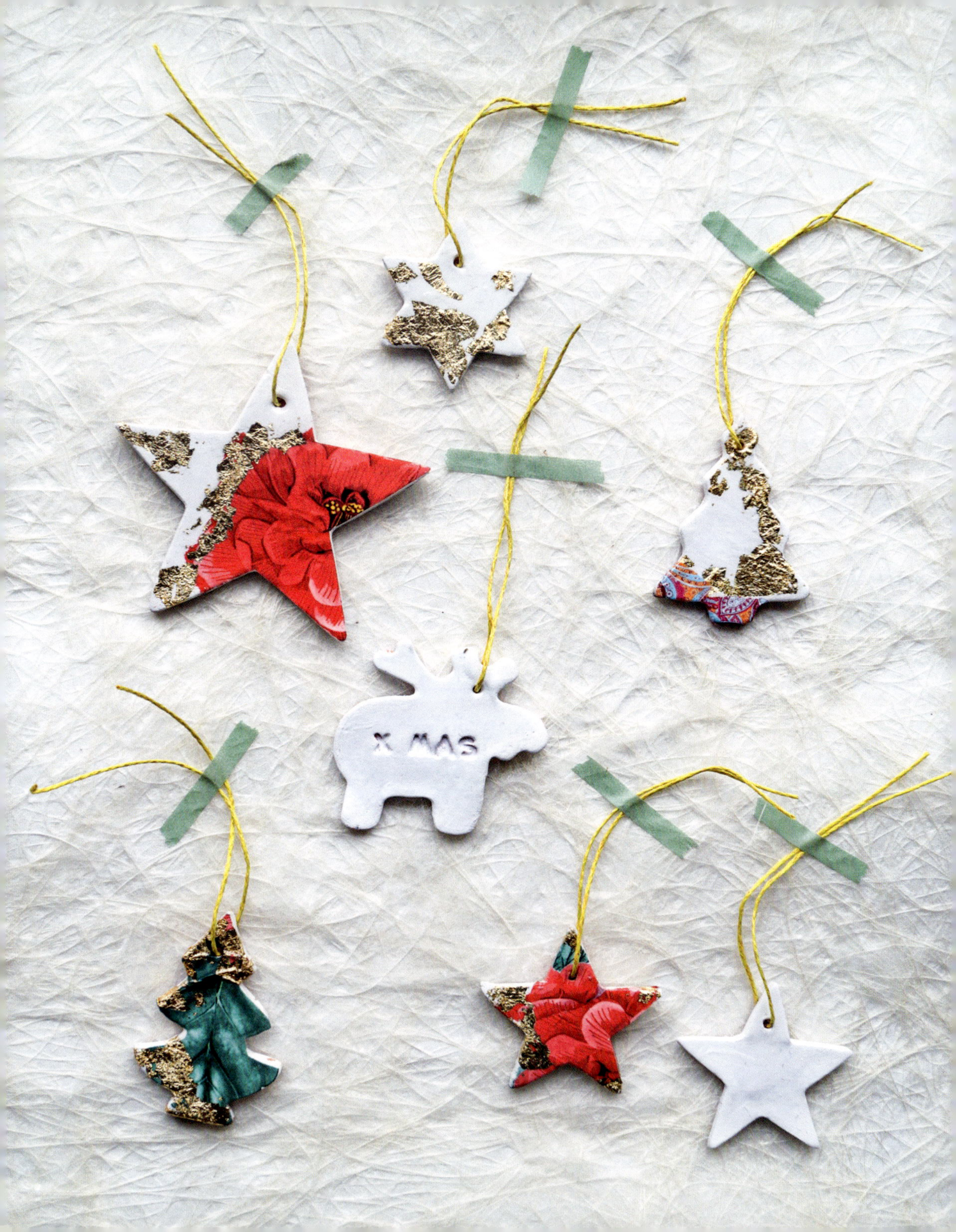
X MAS

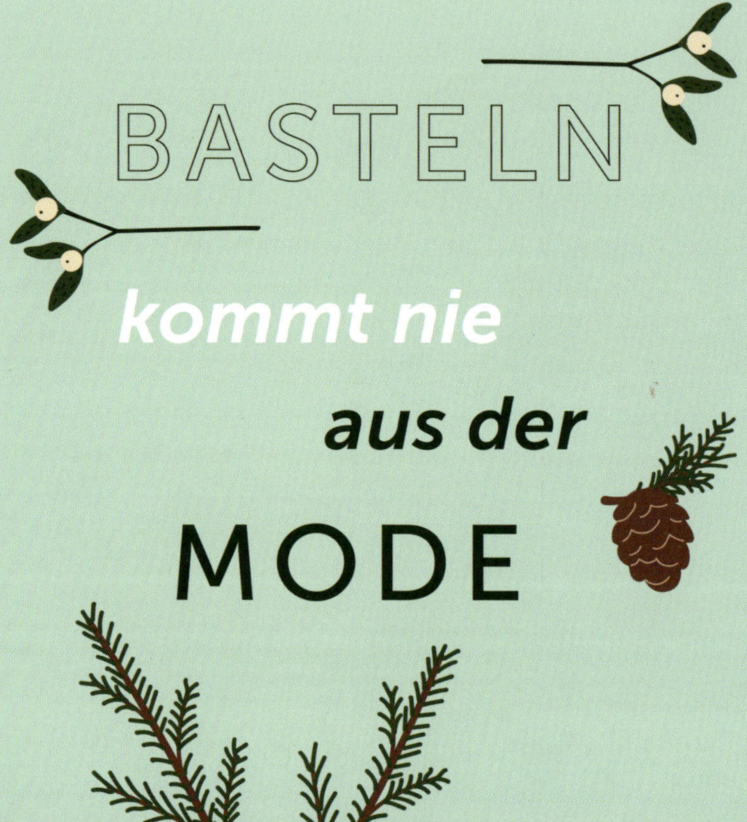
BASTELN
kommt nie
aus der
MODE

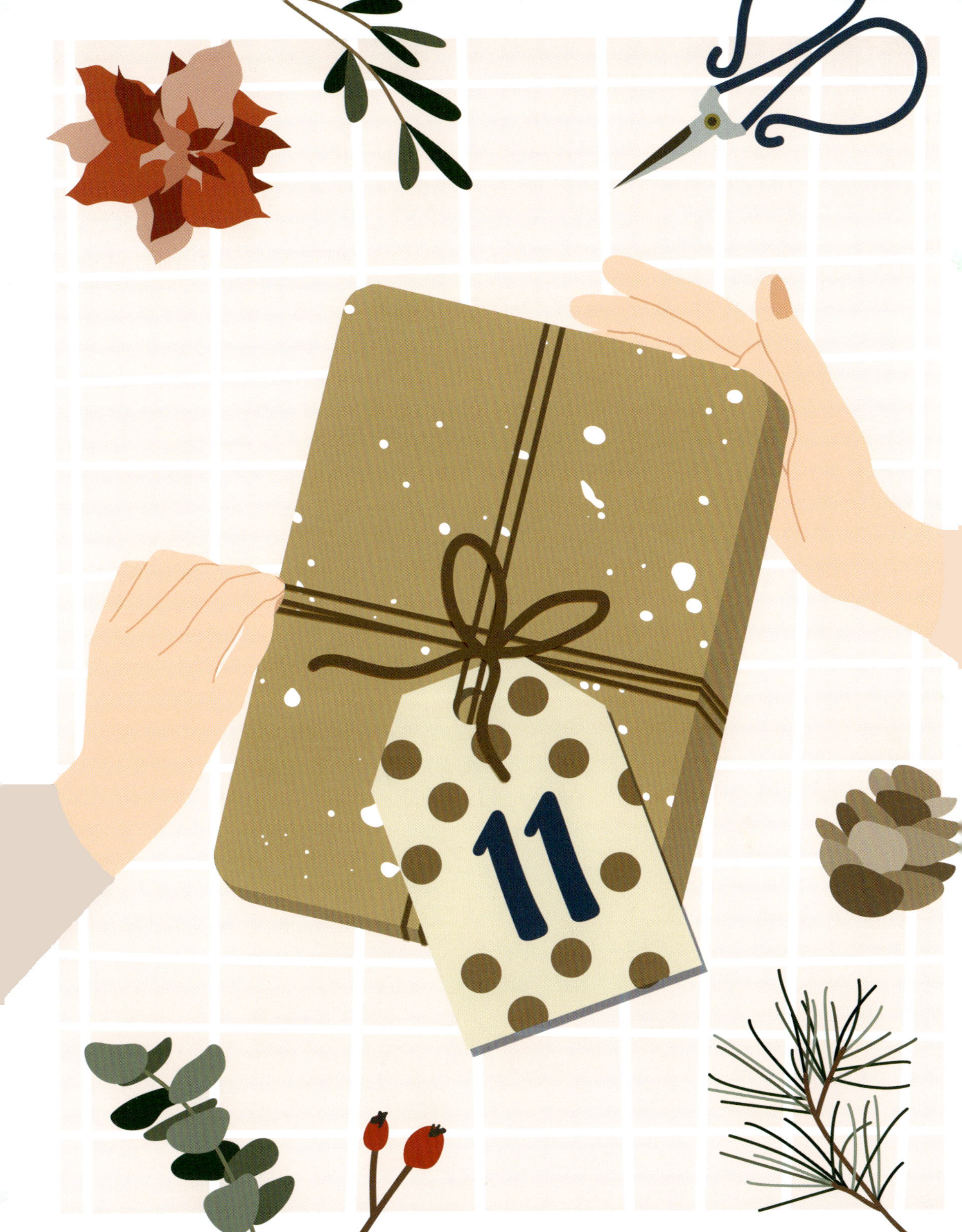
11

11

WINTER WUNDERLAND

BELEUCHTETE WINTERDEKO

MATERIAL

- Flache Holzkiste, tiefer Bilderrahmen oder Tablett
- hellblaue Deko-Acrylfarbe
- Pinsel
- Cutter
- Akkubohrer
- Lichterkette
- Klebeband
- Zauberwatte oder Styropor
- Dekomaterial
- Figuren

UND SO GEHT'S

1 Alle Materialien zurechtlegen.

2 Als Erstes mit der Bohrmaschine die Löcher für die LED-Lämpchen in die obere Hälfte der Kiste bohren.

Anschließend die Kiste mit der Farbe anstreichen und gut trocknen lassen. Auf der Rückwand innen Bäume und Wolken (Vorlage auf Seite 109) aufzeichnen und diese weiß ausmalen. Wieder gut trocknen lassen. Danach die LED-Lämpchen von hinten in die Löcher stecken und das Kabel hinten an der Rückwand mit Klebeband befestigen.

3 Nun kann man nach Lust und Laune seine eigene kleine Winterlandschaft gestalten. Beim Arbeiten mit Styropor sollte man unbedingt einen Staubsauger bereithalten! Mit entsprechender Aufhängung könnte man diese Winterlandschaft später auch an die Wand hängen.

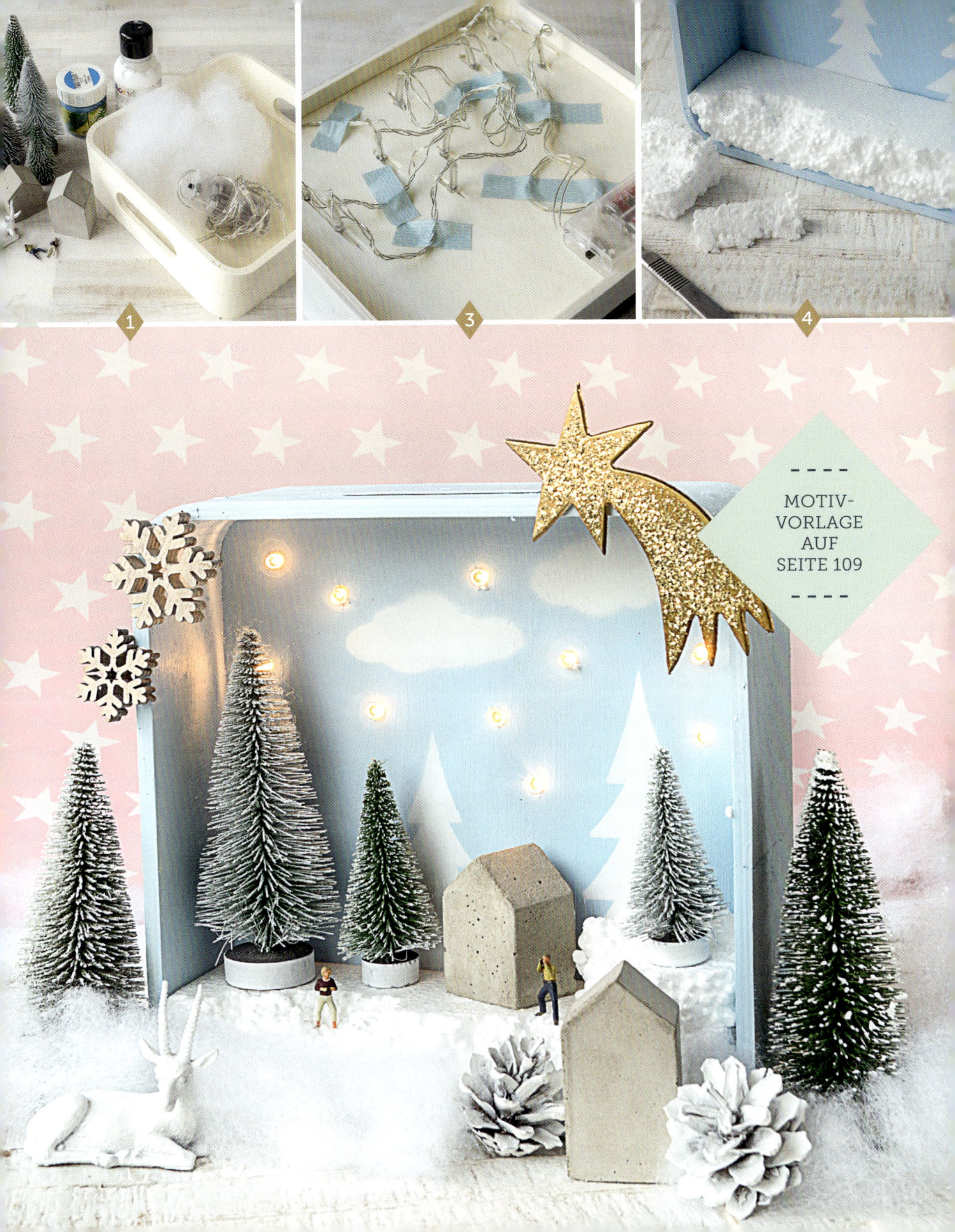
1
3
4
MOTIV-
VORLAGE
AUF
SEITE 109

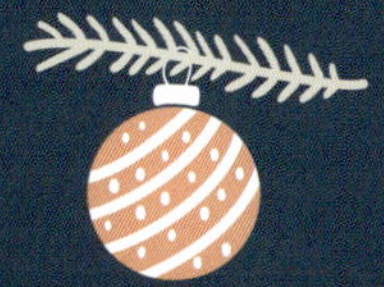

SLEEP.

EAT.

CRAFT.

REPEAT.

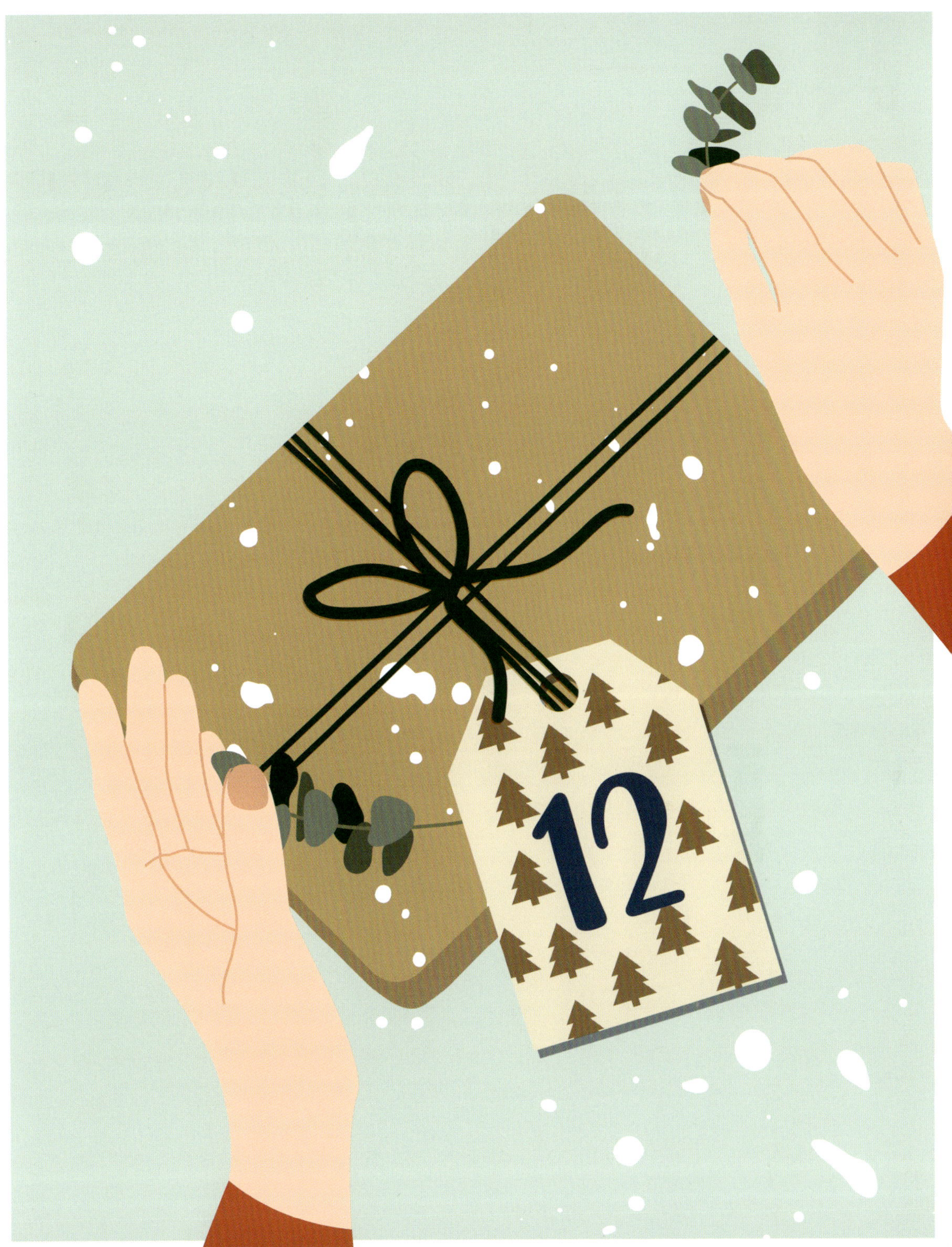
12

12

WEIHNACHTSKUGELN

AUS EIS

MATERIAL

- 2 Kunststoffhalbkugeln aus dem Bastelbedarf
- Pikser
- Einwegspritze aus der Apotheke
- Bindfaden
- Klebeband
- Beeren
- Zweige
- Früchte
- Tannennadeln
- Wasser

UND SO GEHT'S

1 In eine der Kugelhälften mit einem heißen Pikser (z.B. einer Metall-Stricknadel, deren Spitze man über einer kleinen Flamme erhitzt) ein Loch bohren.

2 Dann beide Hälften mit Dekomaterial füllen und zusammensetzen. Die Naht gut mit Klebeband verschließen.

3 Nun durch das kleine Loch mit der Spritze Wasser einfüllen – nicht ganz voll machen, da sich Wasser ja beim Frieren ausdehnt. Zuletzt noch etwas Schnur durch das Loch fädeln und ab ins Eisfach oder nach draußen, wenn es kalt genug ist. Sobald sie ganz gefroren ist, kann die Kugel aus der Form gelöst und draußen aufgehängt werden.

TIPP

Bei richtig winterlichen Temperaturen kann man auch draußen die Bäume ein wenig schmücken ... die Eiskugeln machen sich auch gut neben den Futterkugeln für kleine Piepmätze.

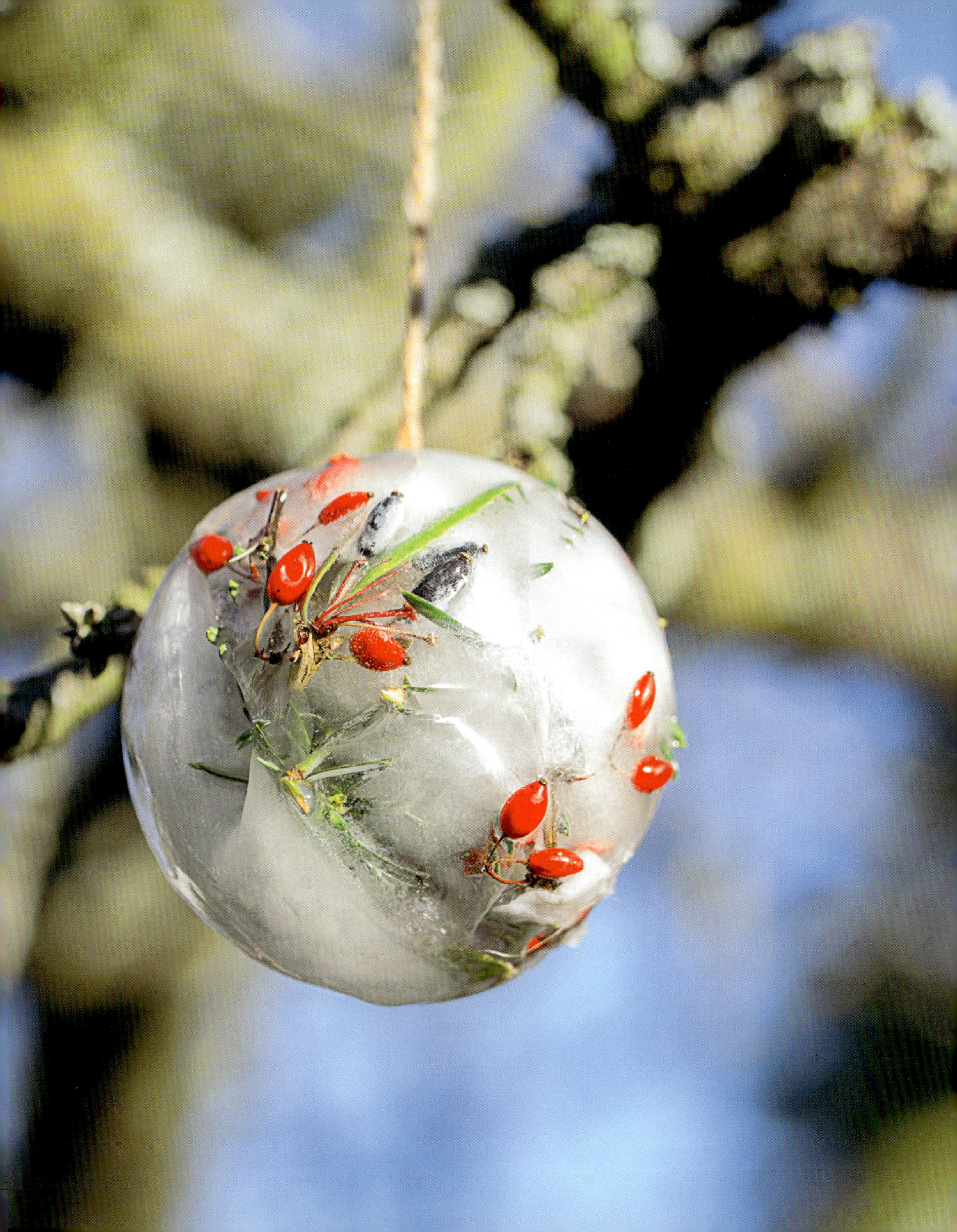

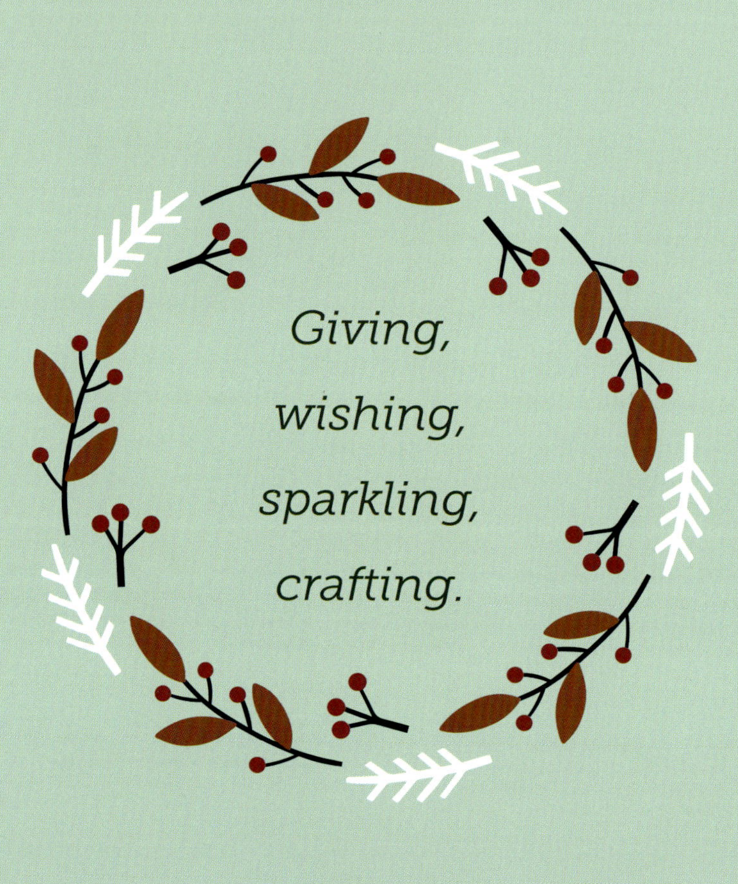
Giving,
wishing,
sparkling,
crafting.

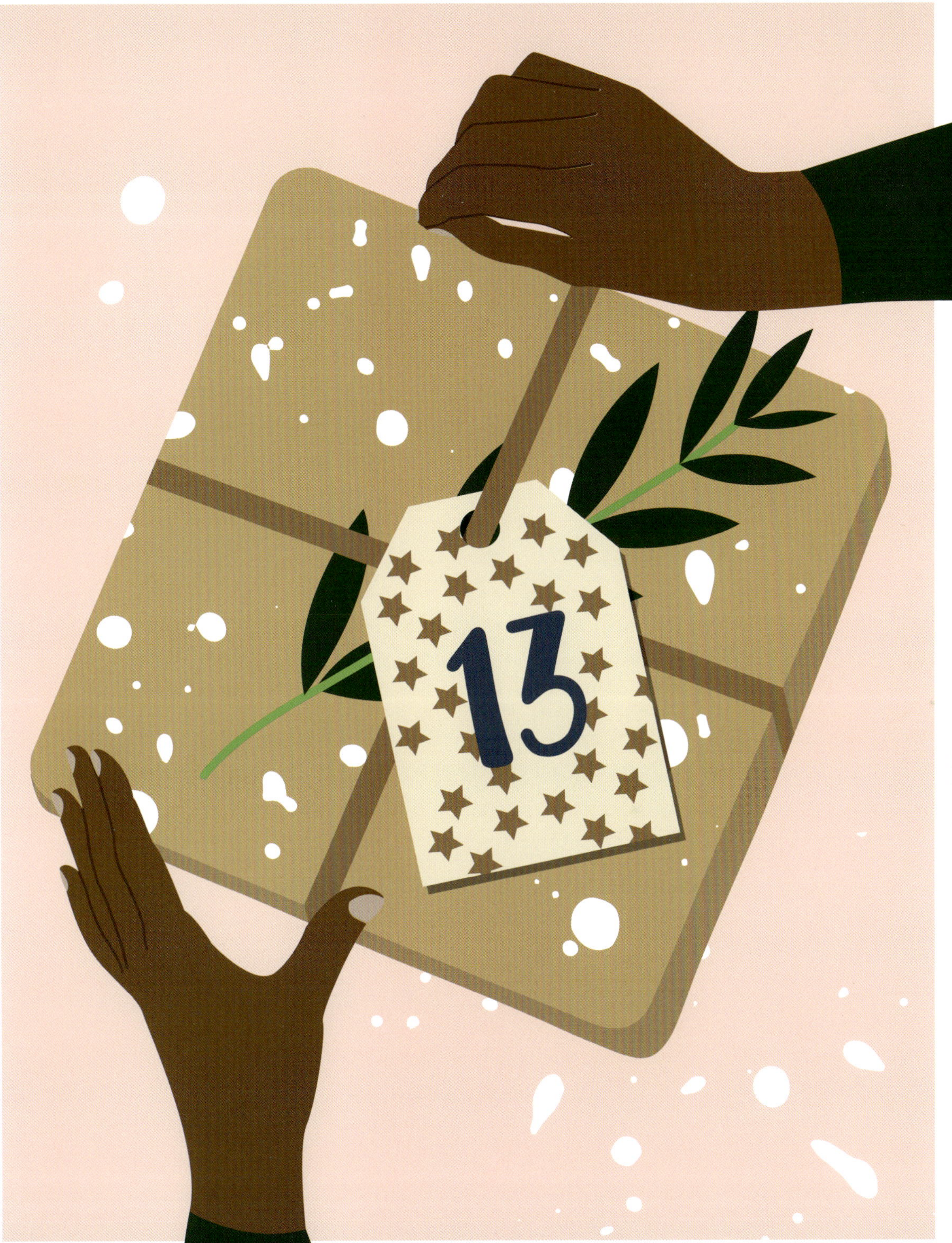
13

13

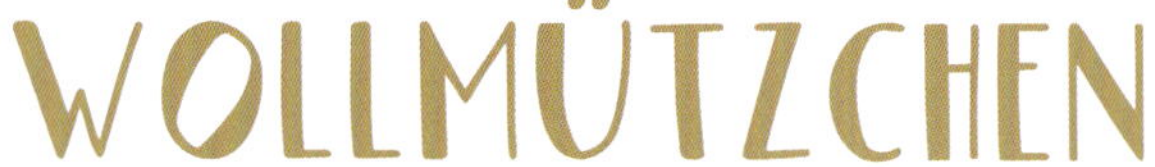

WOLLMÜTZCHEN

ANHÄNGER FÜR DIE KALTE JAHRESZEIT

MATERIAL

- Wollreste
- Papprolle
- Schere

UND SO GEHT'S

1 Für eine Mütze schneidet man aus einer Papprolle (z.B. Küchenrolle) einen kleinen Ring von ca. 2cm Breite. Wie viele Wollfäden man benötigt, hängt von der Stärke der Wolle ab. Es können zwischen 20 und 40 Fäden mit einer Länge von ca. 25cm sein. Die werden, wie auf Bild 1 gezeigt, über die komplette Rolle verteilt angeknotet. Dafür den Faden zu einer Schlaufe legen, unten durch die Rolle stecken und die Enden dann durch diese Schlaufe fädeln und festziehen.

2 Sobald der Ring dicht mit Wollfäden bedeckt ist, nochmals festziehen und die gesamten Wollfäden von unten durch die Papprolle stecken.

3 Nun mit einem separaten Wollfaden alle anderen Fäden etwa 3cm oberhalb des Papprings zusammenbinden. Nun erkennt man bereits die kleine Mütze.

4 Mit der Schere die Wollfäden abschneiden und zu einem Bommel formen.

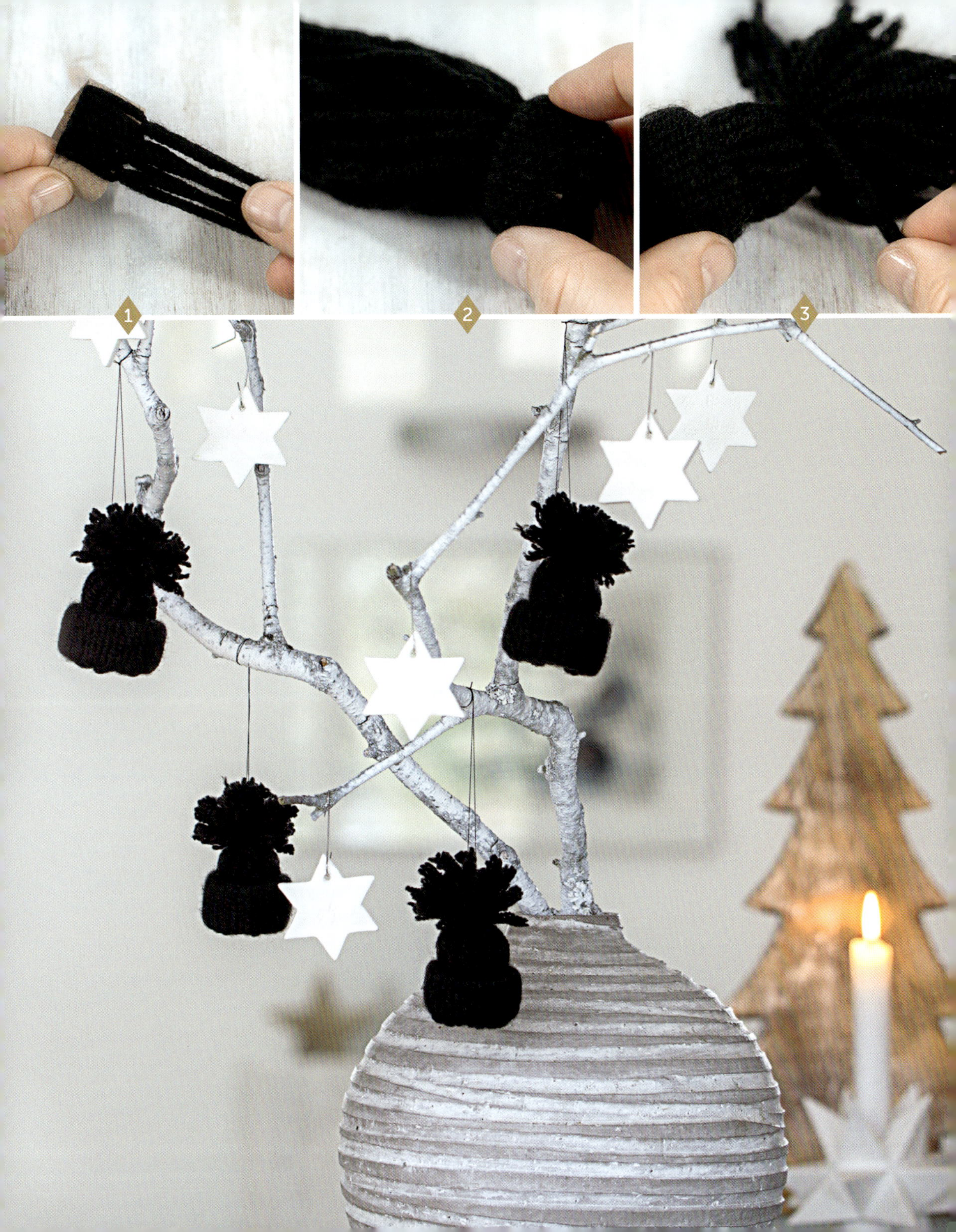
1
2
3

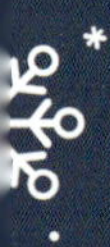

SNOWFLAKES

ARE

kisses

---

from heaven.

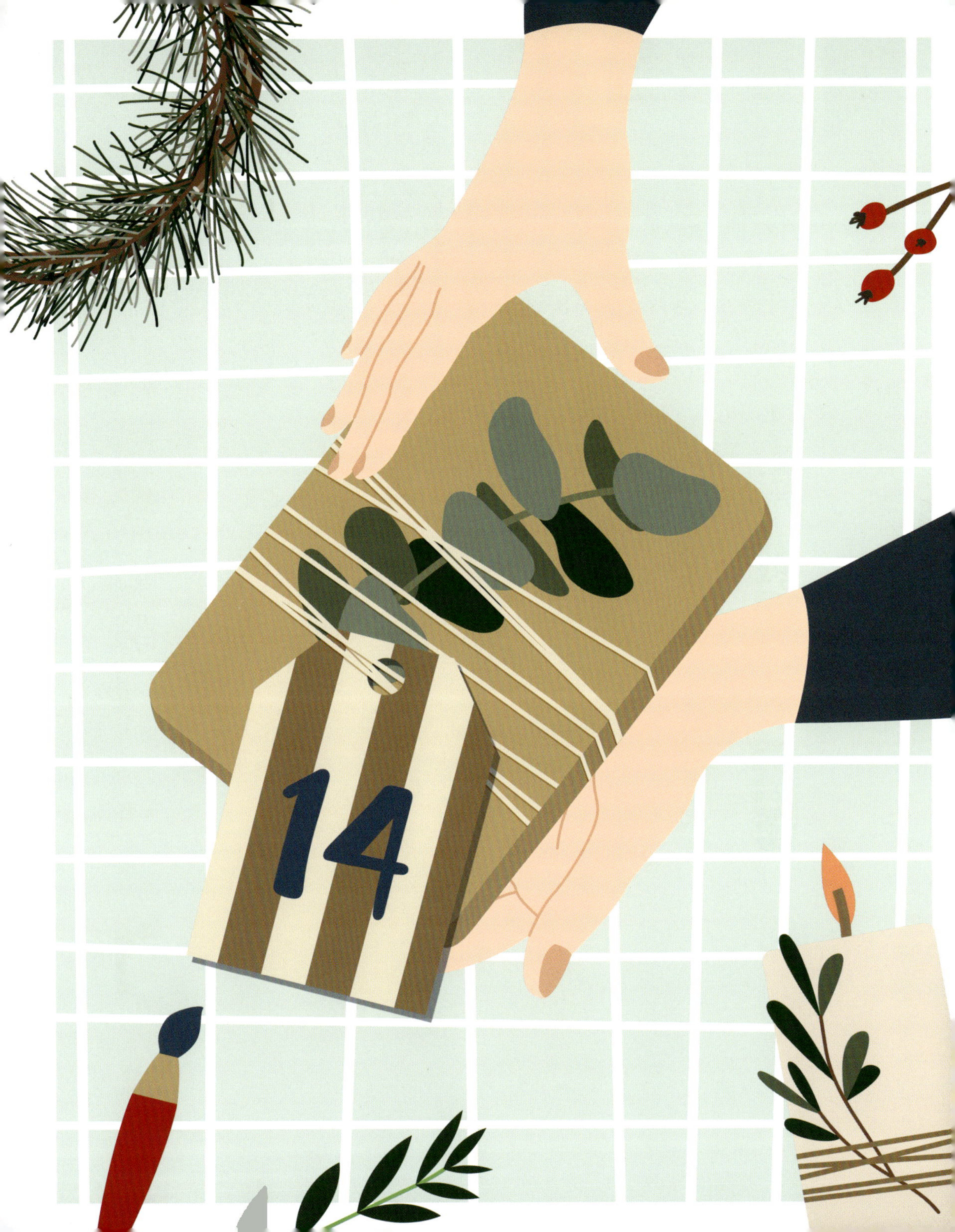
14

14

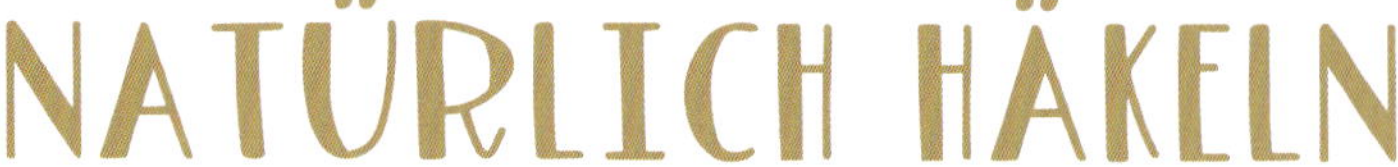

HÄKELSTERNCHEN

MATERIAL

- Paketschnur aus Sisal oder Jute
- 5er Häkelnadel
- Schere

UND SO GEHT'S

1 In einen Fadenring 15 feste Maschen häkeln. Den Fadenring zusammenziehen und mit 1 Kettmasche in die 1. feste Masche zur Runde schließen. Anschließend 5 Luftmaschen häkeln. In dieser Luftmaschenkette häkelt man in die vorletzte Luftmasche 1 Kettmasche, in die 3. Luftmasche 1 feste Masche, in die 2. Luftmasche 1 halbes Stäbchen und in die 1. Luftmasche (vom Fadenring aus gesehen) 1 Stäbchen. Das ist die Sternenspitze – sie wird mit 1 festen Masche in die 3. feste Masche geschlossen.

2 Nun wieder 5 Luftmaschen häkeln und so die restlichen Spitzen des Sterns erstellen. Die fünfte und letzte Spitze wird mit 1 Kettmasche befestigt.

TIPP

Eine bebilderte Grundanleitung der einzelnen Häkelmaschen findet man im Download-Bereich unter: www.emf-verlag.de/produkt/mein-advents-kalender-buch-diy-christmas.

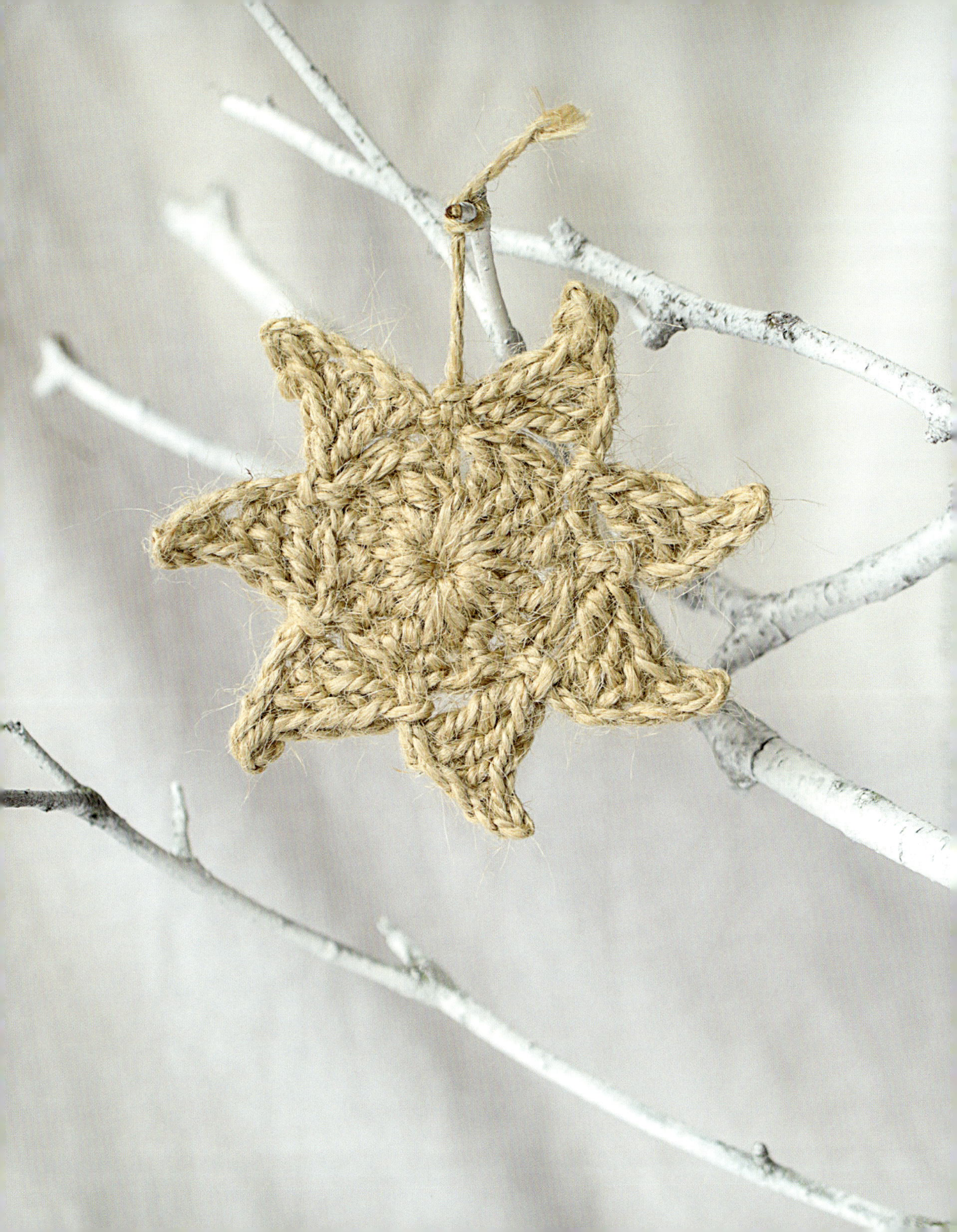

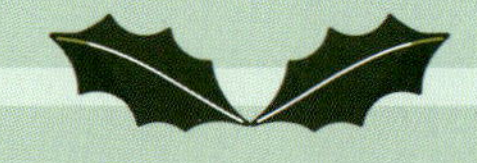

KEEP
CALM

&

craft
on.

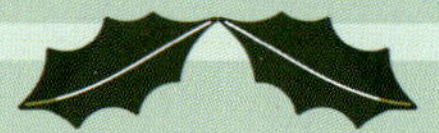

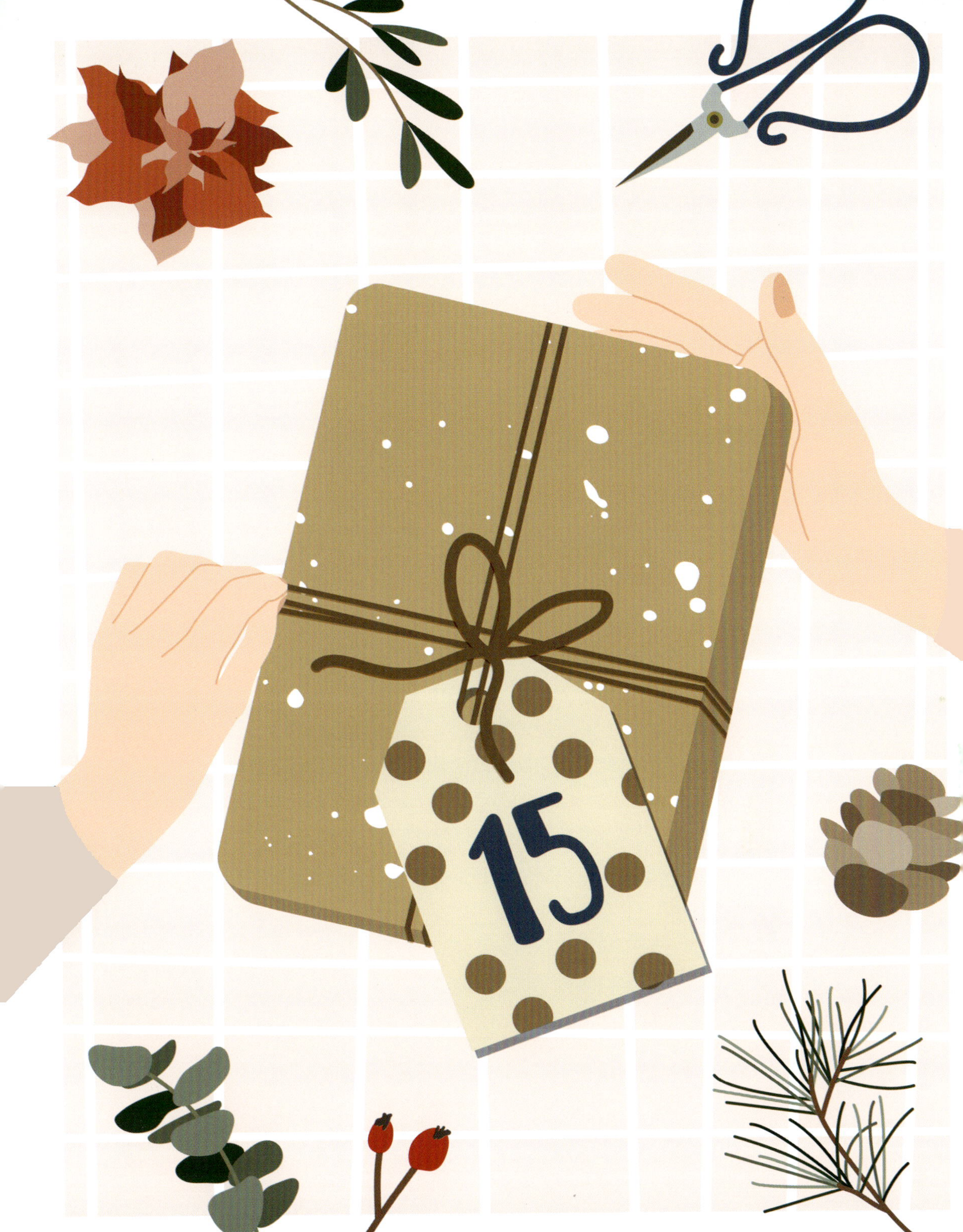
15

15

WEIHNACHTSGESCHICHTE

MODERNE KRIPPE

MATERIAL

- Kleine gerade Äste
- Gartenschere
- Heißkleber
- Schnur
- weißer Sprühlack
- Dekomaterial
- Krippenzubehör

UND SO GEHT'S

1 Zunächst die Äste auf die entsprechenden Längen kürzen, je nachdem, wie groß die Krippe werden soll. Die Äste der Längsseiten, inklusive Dachabschluss, sind jeweils gleich lang, ebenso die vier senkrechten Seitenteile. Auch die vier Dachschrägen haben je die gleiche Länge. Nun mit der Heißklebepistole zuerst das Bodenrechteck zusammenkleben. Dann die vier senkrechten Äste, danach die oberen Längsseiten. Dann die beiden Schrägen und zuletzt den letzten Ast ganz oben.

2 Wenn der Kleber angetrocknet ist, kann man die Krippe lackieren. Das geht am besten mit Sprühlack. Dabei empfiehlt es sich, draußen zu arbeiten. In jedem Fall auf ausreichende Belüftung achten. Wer mag, kann später die Eckpunkte noch mit Kordeln verstärken. Zum Schluss noch einen Stern anbringen und die Krippenfiguren platzieren.

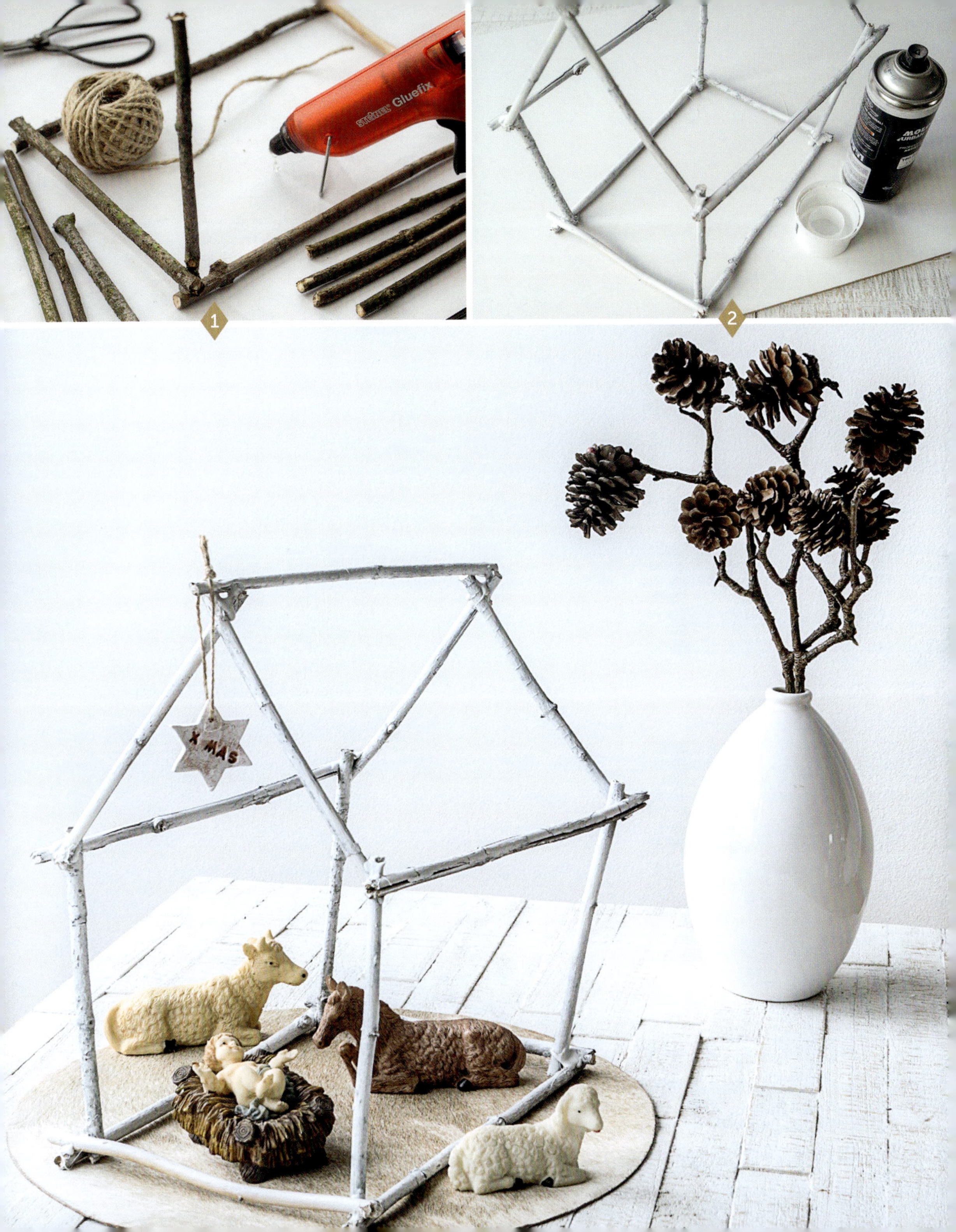
Gluefix
1
2
X MAS

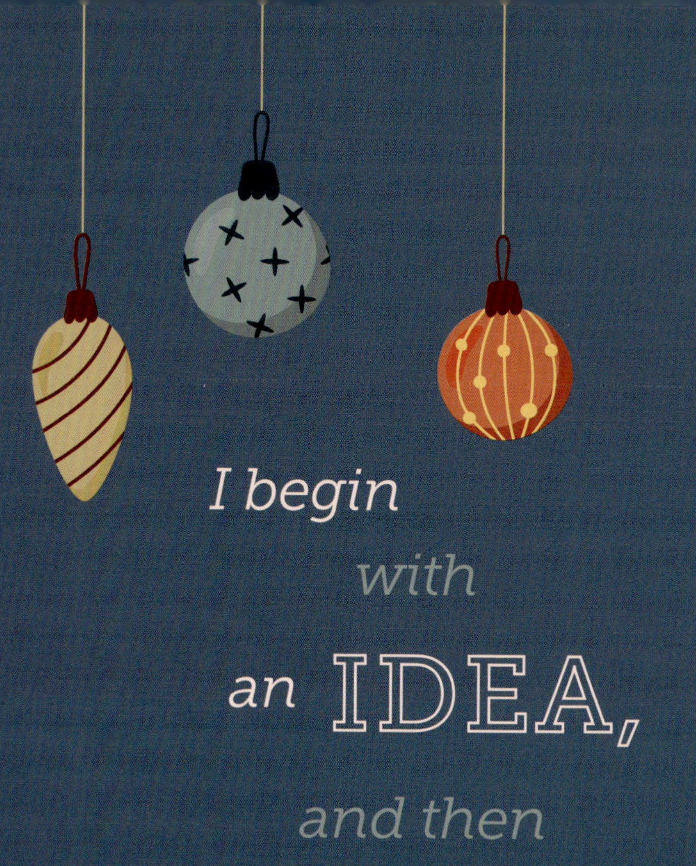

I begin
with
an IDEA,
and then
it becomes

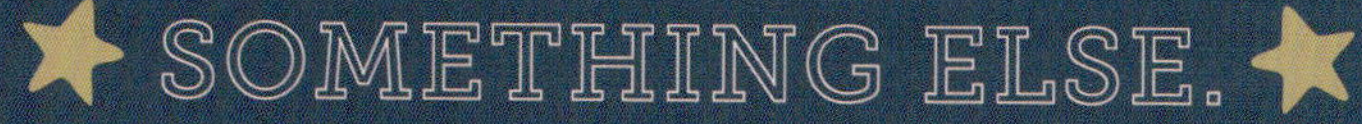

SOMETHING ELSE.

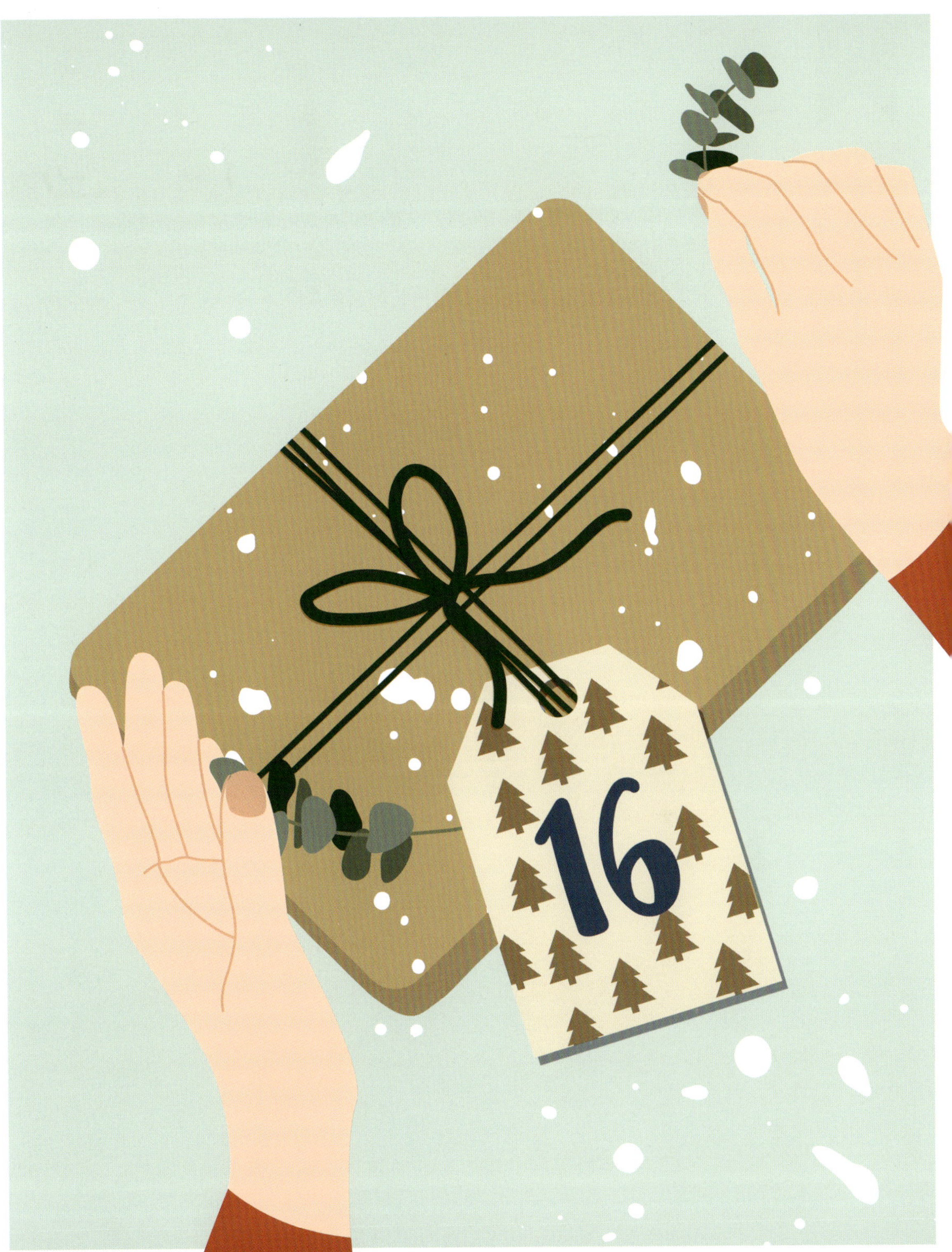
16

16

GESTEMPELT & VERSCHNÜRT

STEMPELGESCHENKPAPIER

MATERIAL

- Packpapier
- weihnachtliche Stempelmotive
- Stempelkissen
- Paketschnur
- kleine Holzkugeln
- Schere

UND SO GEHT'S

1 Das Packpapier ausbreiten und in gleichmäßigen Abständen mit den gewünschten Stempelmotiven bedrucken. Gut trocknen lassen. Anschließend das Geschenk mit dem Papier verpacken.

2 Die Paketschnur als Geschenkband verwenden und auf die beiden Enden je eine kleine Holzkugel auffädeln. Dahinter einen oder mehrere Knoten machen und die Paketschnur abschneiden.

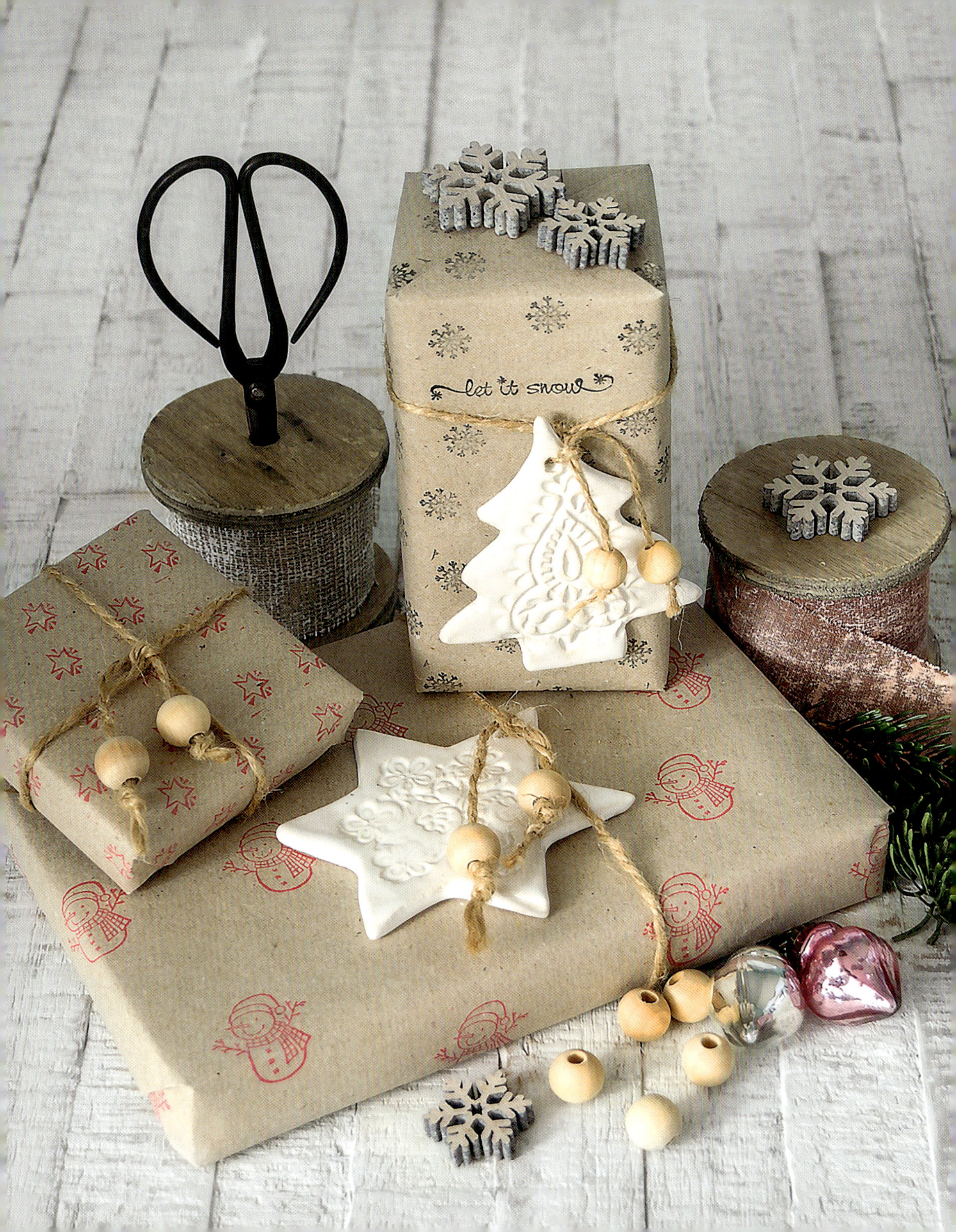
let it snow

OF COURSE

I talk to myself

WHEN CRAFTING.

I NEED

EXPERT

advice

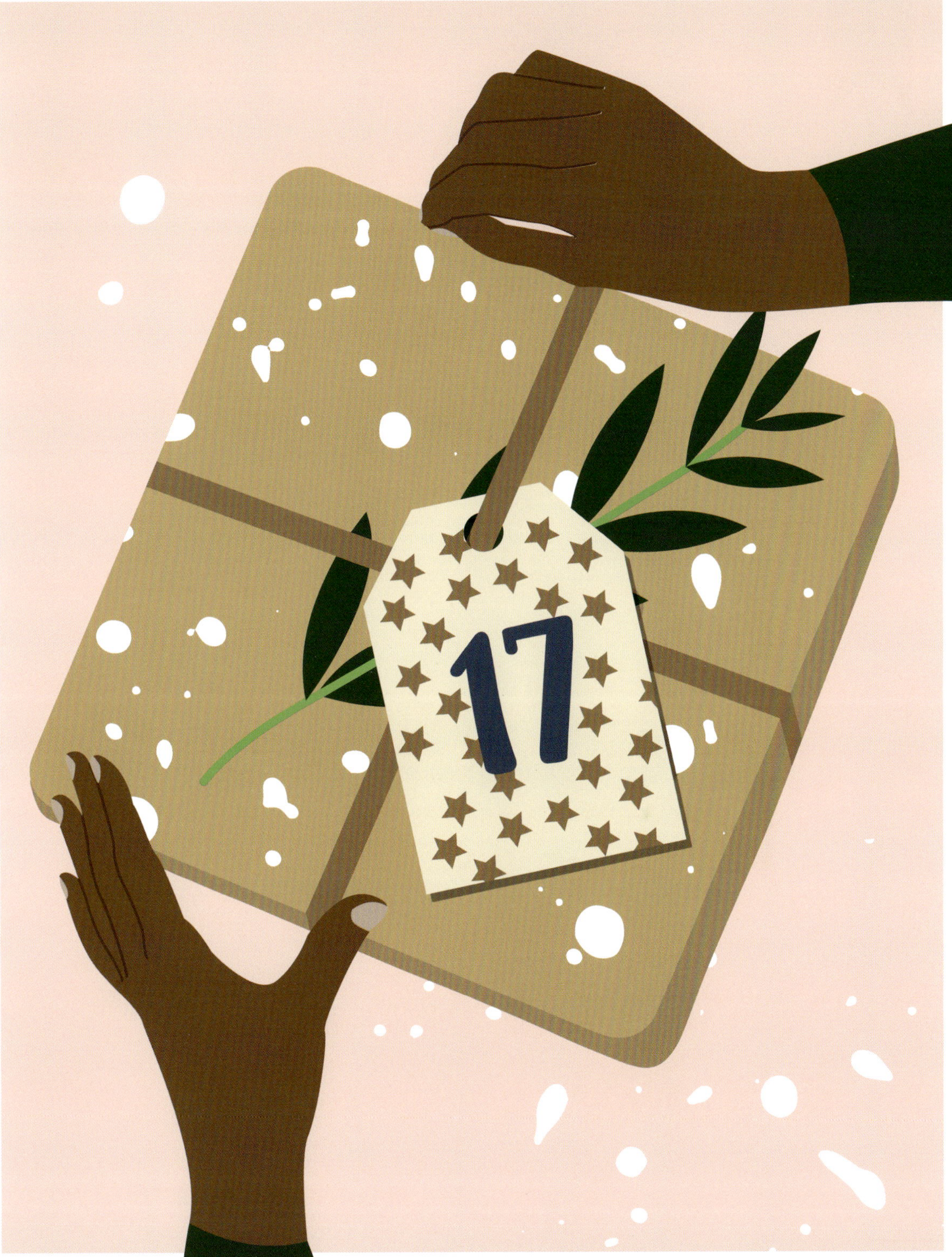
17

17

GESCHICKT EINGETÜTET

BROTTÜTEN-GESCHENKVERPACKUNG

MATERIAL

- Brottüte
- Lackstift (z.B. in weiß)
- ein kleines Stück Stoff
- Stempel
- Stempelkissen
- Nähmaschine

UND SO GEHT'S

1 Die braune Brottüte mit dem Lackstift bemalen (Vorlage auf Seite 110). Das kleine Stoffstück mit einem Stempelmotiv bedrucken. Den Stoff trocknen lassen.

2 Das Geschenk in die Brottüte legen und diese oben mit einer Geradstichnaht verschließen, das bestempelte Stück Stoff mit einfassen.

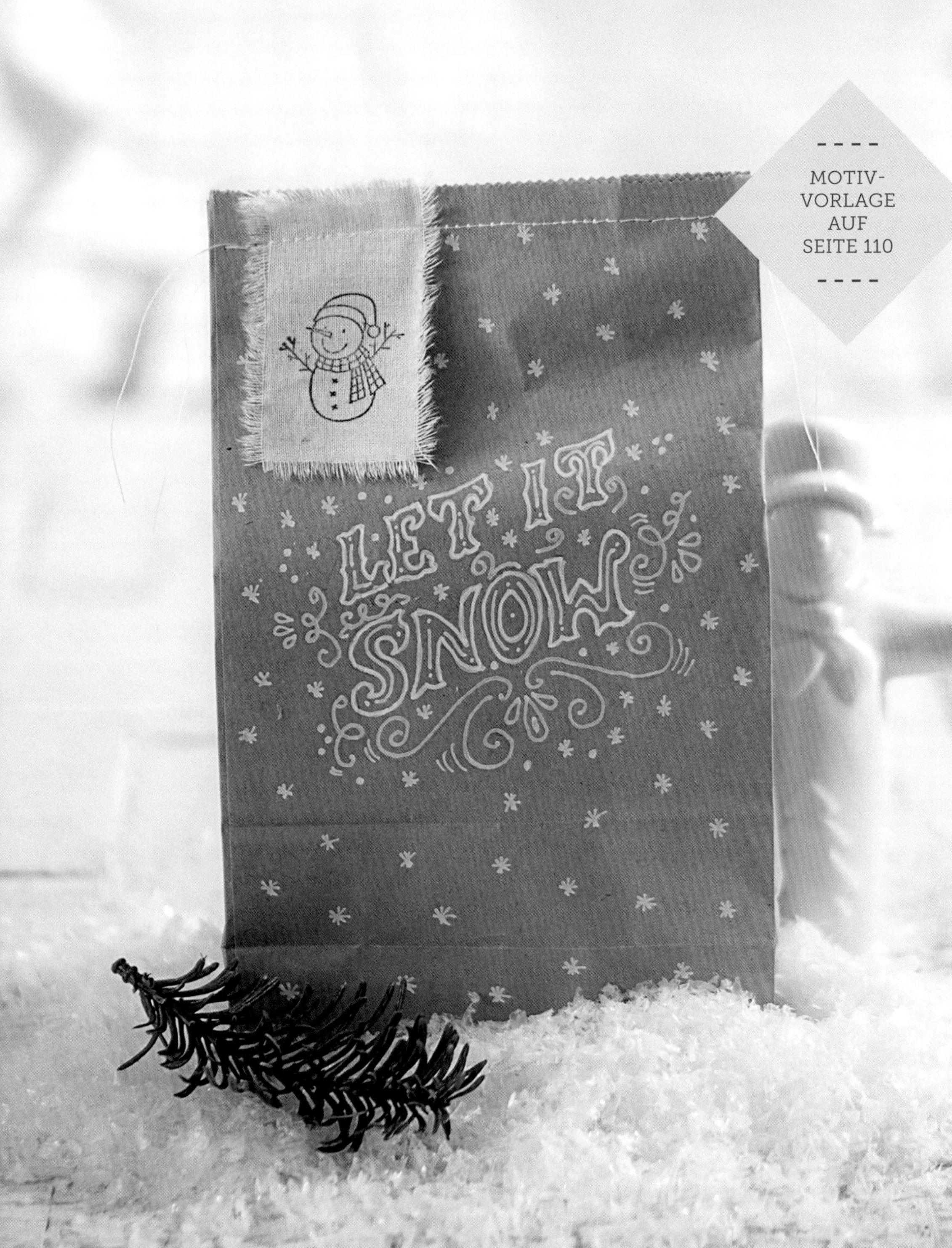

MOTIV-
VORLAGE
AUF
SEITE 110

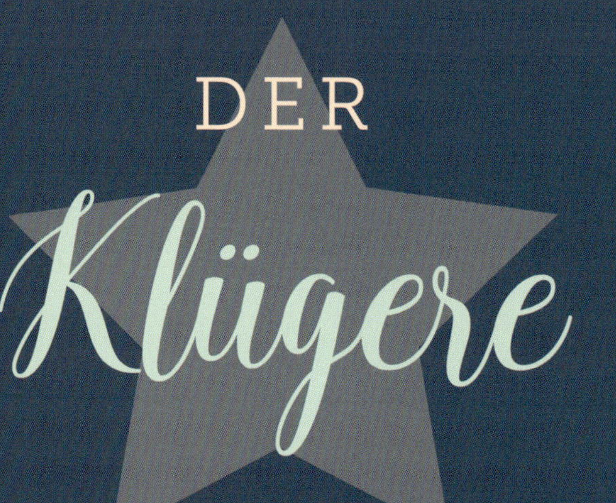

KLEBT
NACH.

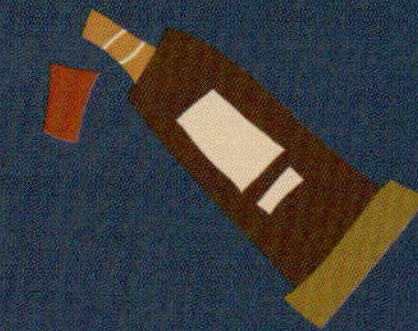

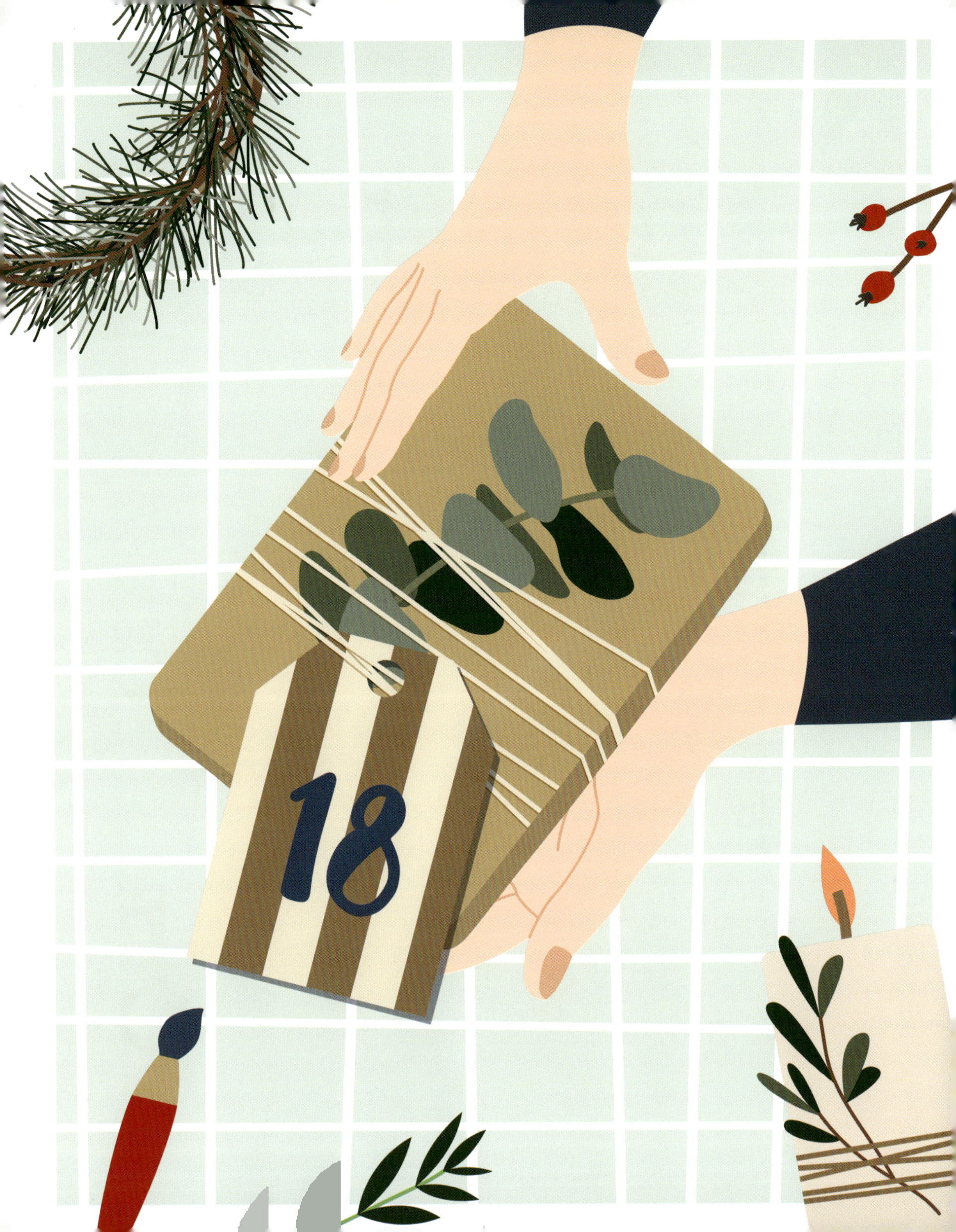
18

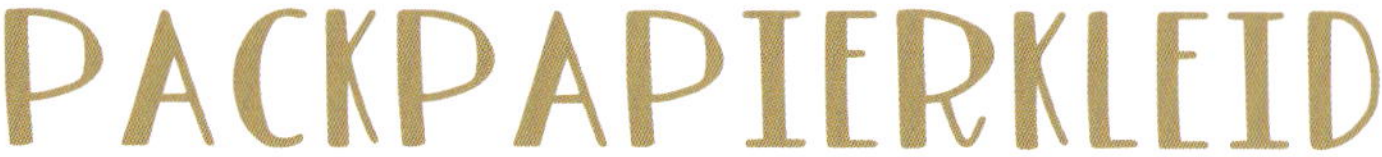

PACKPAPIERKLEID

FLASCHENVERPACKUNG

MATERIAL

- Packpapier
- Kopierer oder Lackstift
- Schere
- Klebeband
- Paketschnur
- kleiner Tannenzweig

UND SO GEHT'S

1 Das festliche Motiv von Seite 111 auf das ins Format A4 oder A3 zugeschnittene Packpapier kopieren. Für den Druck auf dickerem Papier empfiehlt es sich dabei den Einzelblatteinzug des Kopierers zu nutzen. Alternativ kann das Motiv natürlich auch mit einem Lackstift auf das Packpapier übertragen werden.

2 Das Papier so zuschneiden, dass es gerade so die Flasche verdeckt. Um die Flasche wickeln und hinten mit einem Klebebandstreifen fixieren.

3 Die Paketschnur um den Flaschenhals legen und zuknoten, dabei den kleinen Tannenzweig mit einbinden.

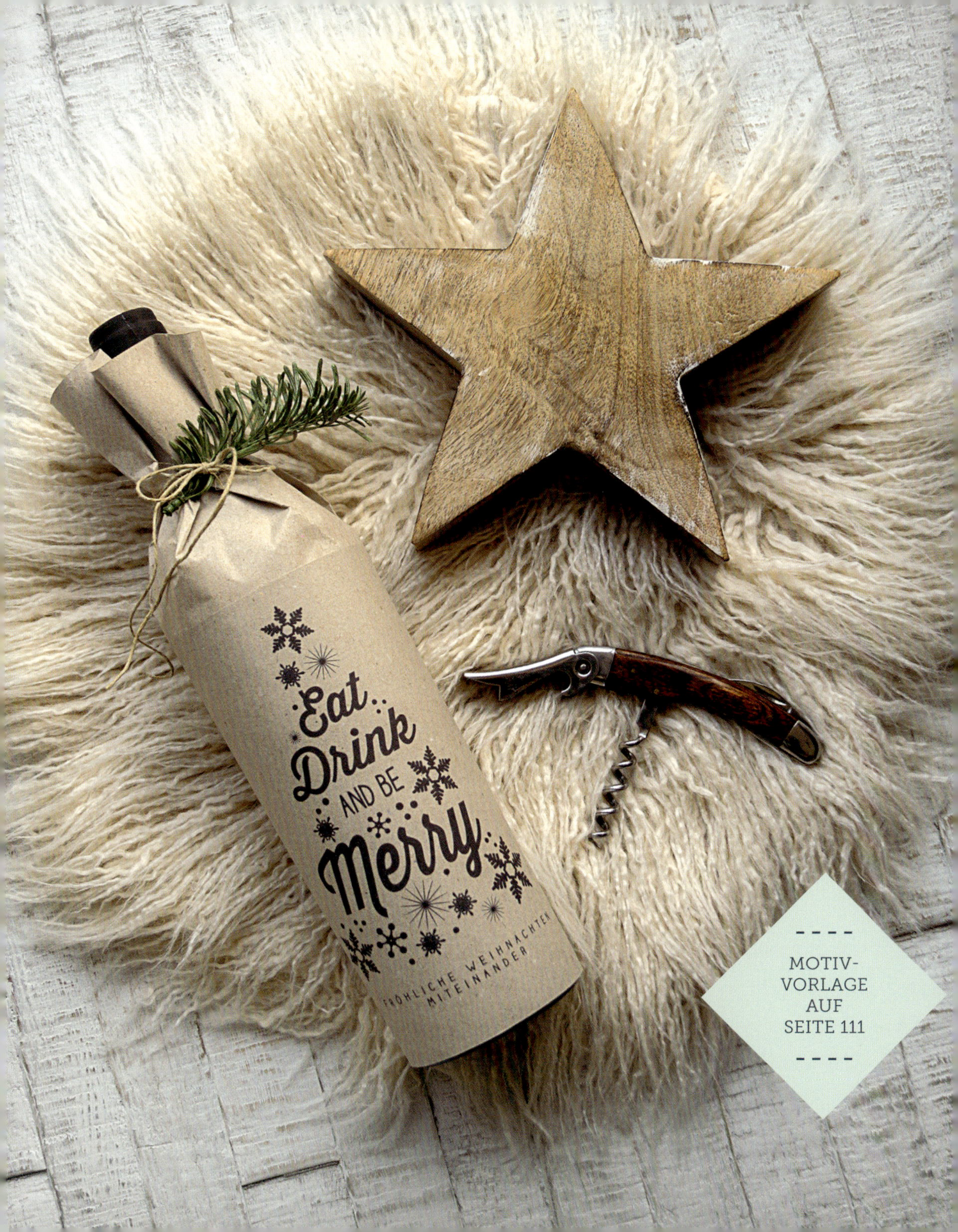

MOTIV-
VORLAGE
AUF
SEITE 111

Ich

BASTLE

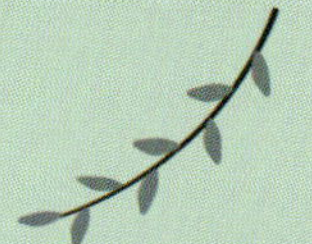

also

bin ich.

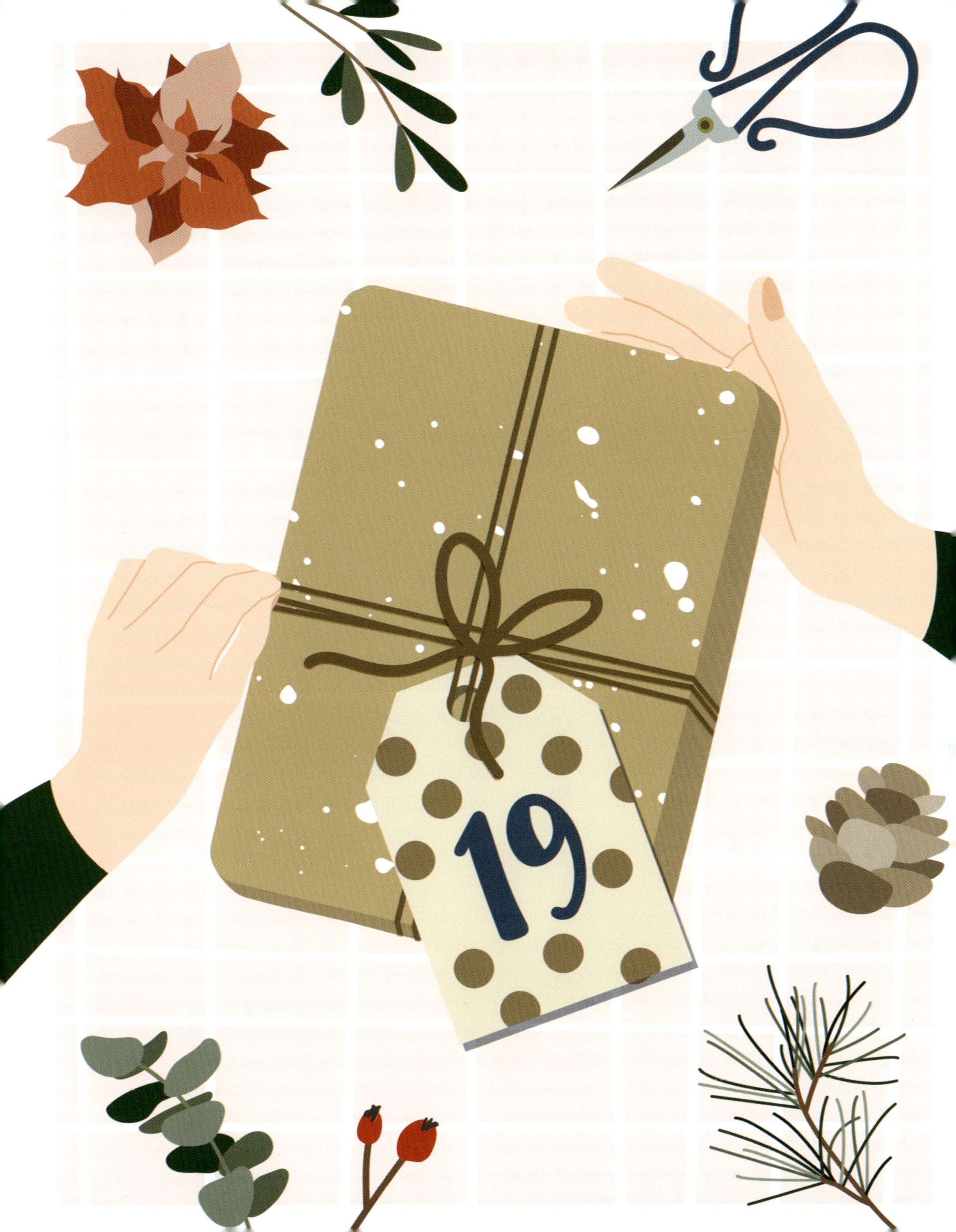
19

19

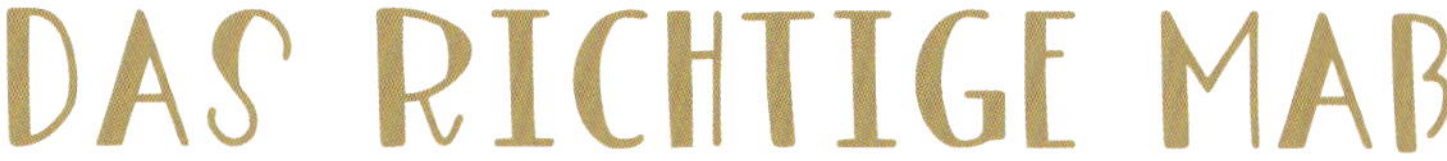

DAS RICHTIGE MAß

ZOLLSTOCKSTERN

MATERIAL

- Zollstock
- Holzbohrer
- Schnur
- Schere

UND SO GEHT'S

1 In den Enden des Zollstocks je ein kleines Loch mit dem Holzbohrer bohren. Den Zollstock so klappen, dass sich ein Stern ergibt. Die beiden offenen Kanten übereinanderlegen.

2 Ein kurzes Stück Schnur abschneiden, durch die beiden Löcher hindurchfädeln und zuknoten. Eventuell noch mit einem Dekoelement das Loch verdecken.

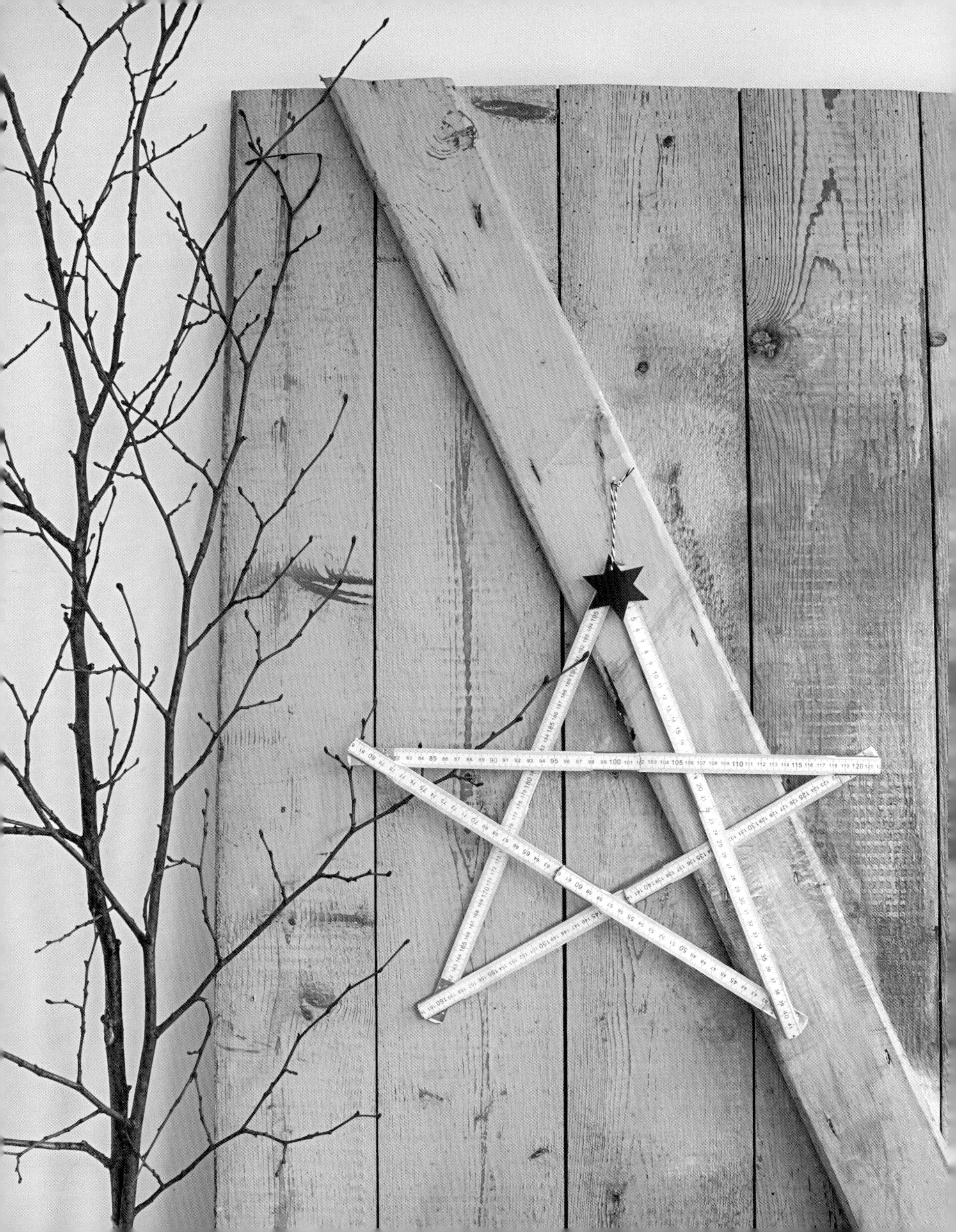

IS'

MIR

egal,

ICH LASS DAS

JETZT

so!

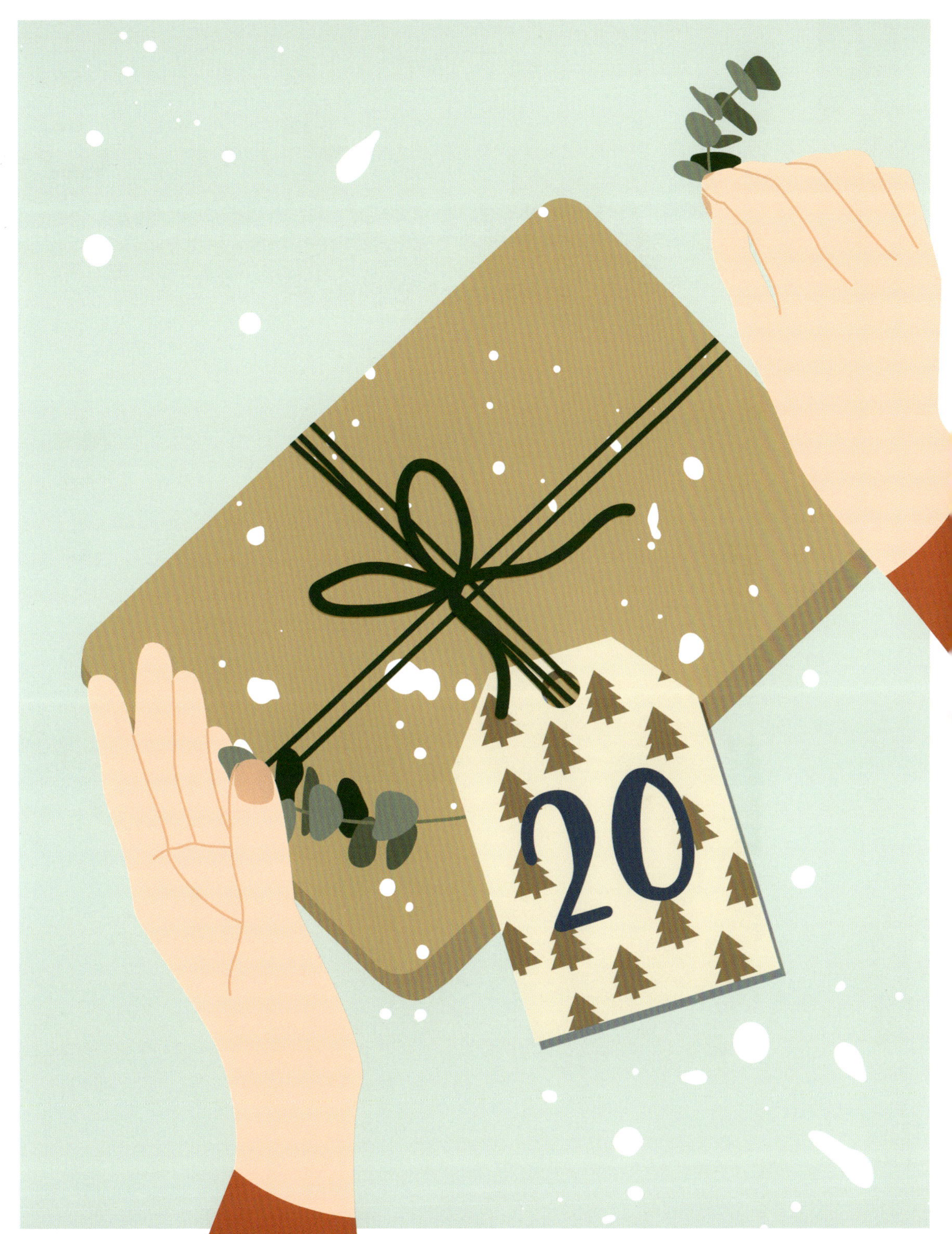
20

20

FALTBÄUMCHEN

WEIß AUF WEIß

MATERIAL

- Weißes Papier, 80–100g
- Zirkel
- Schere
- Öse
- Ösenzange
- Bändchen

UND SO GEHT'S

1 Auf dem Papierrechteck einen Halbkreis mit dem Zirkel aufzeichnen.

2 Den Halbkreis ausschneiden.

3 Bei ca. ⅓ der Gerade einen Punkt markieren. An diesem Punkt eine Ecke des Halbkreises um ca. ¼ der Halbkreisstrecke nach unten falten. Die Arbeit wenden.

4 An dem vorher markierten Punkt ein weiteres Mal über Eck falten. Die Faltung sollte über den Rand hinausgehen.

5 Nun die zweite Ecke schräg zurückfalten, wieder mit etwas Überstand.

6 Oben eine kleine silbernen Öse anbringen.

7 Mit einem Bändchen versehen sind die kleinen Bäumchen nicht nur tolle Geschenkanhänger, sondern machen sich auch gut als Weihnachtsbaumschmuck.

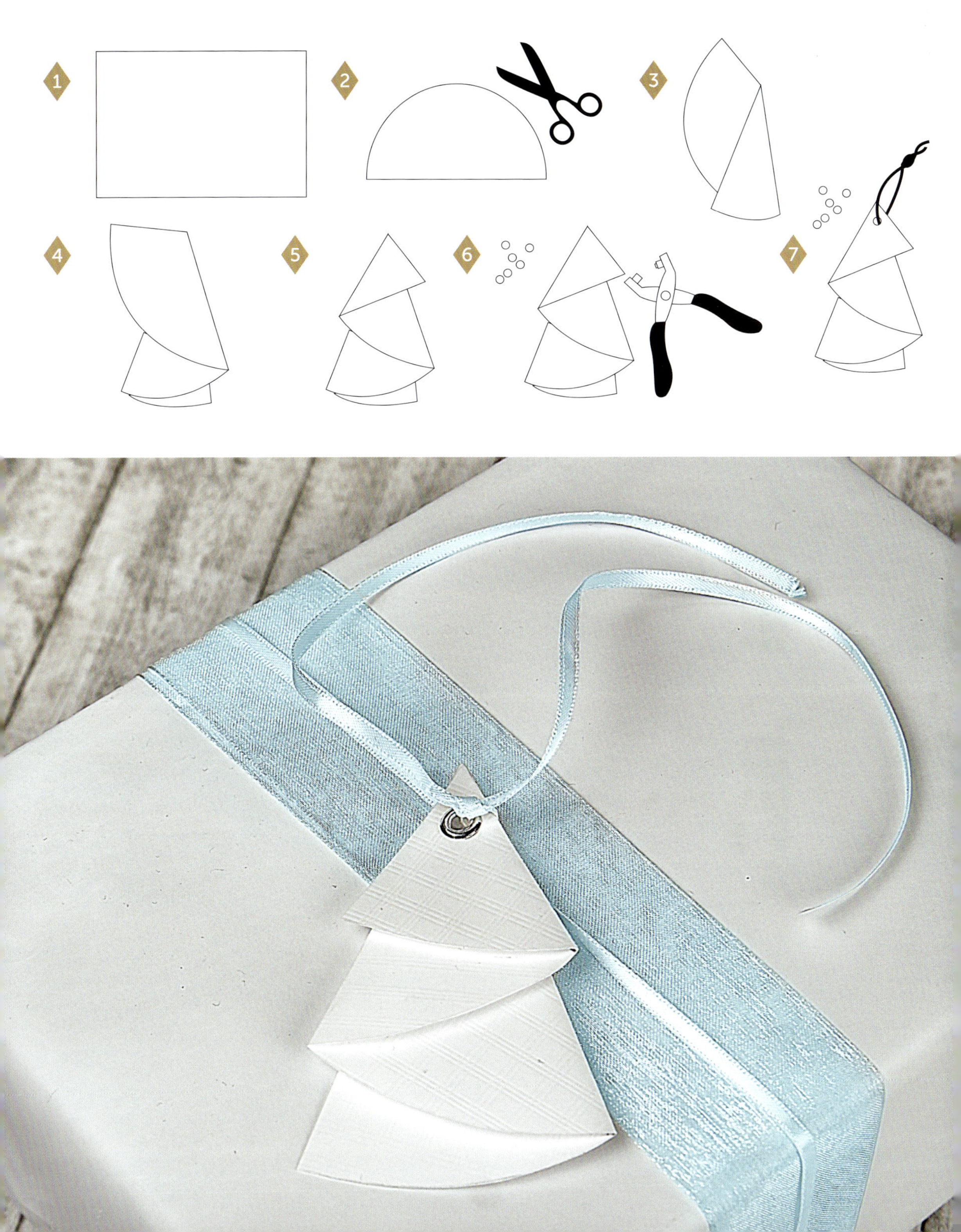
1
2
3
4
5
6
7

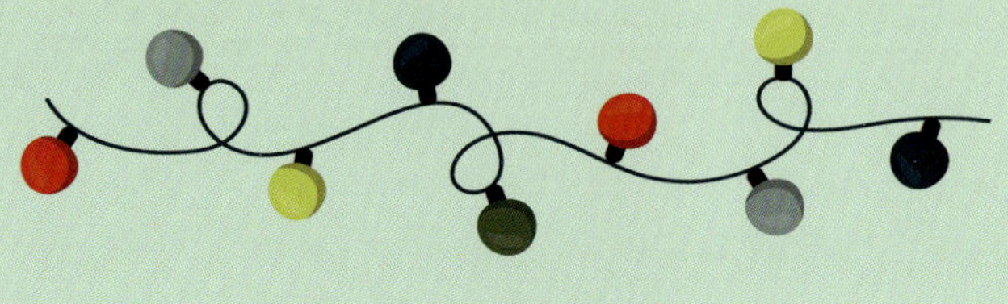

The „earth“ without art is just „eh“.

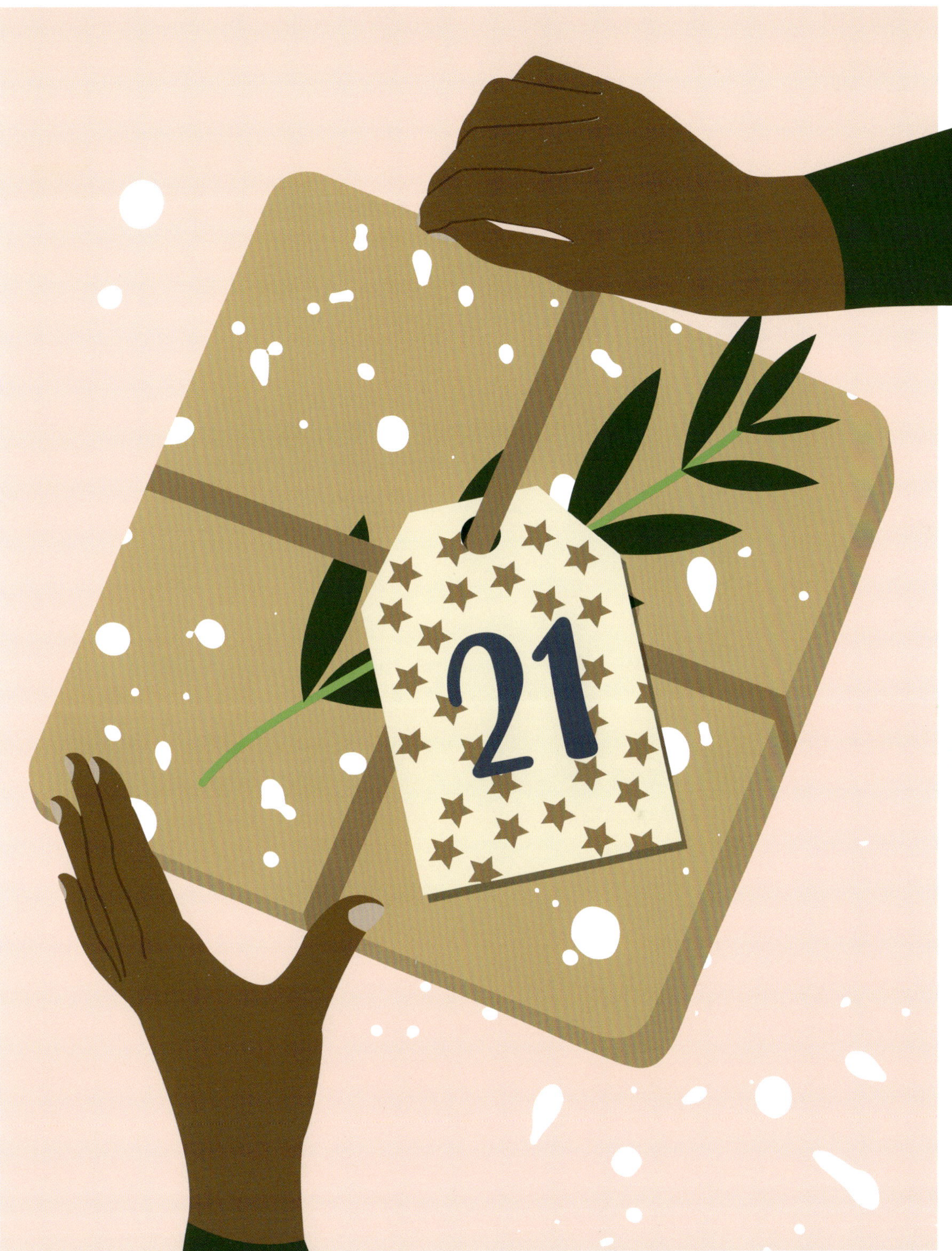
21

FUROSHIKI PÄCKCHEN

NACHHALTIG VERPACKT

MATERIAL

- Stoff ca. 40 x 40cm (für ein Buch)
- Zackenschere
- Geschenk zum Verpacken
- kleiner Anhänger

UND SO GEHT'S

1 Den Stoff mit einer Zackenschere auf Format schneiden, so franst er nicht aus. Das Stoffquadrat mit der schönen Seite nach unten vor sich hinlegen. Den zu verpackenden Gegenstand, hier ein Buch, über Eck auf den Stoff legen.

2 Den Gegenstand fest in den Stoff einwickeln.

3 Die entstandenen beiden Stoffecken straff ziehen und miteinander doppelt verknoten.

4 Den Knoten in Form zupfen und eventuell noch einen farblich passenden Anhänger mit einknoten.

TIPP

Die japanische Art Geschenke zu verpacken ist nicht nur hübsch sondern auch nachhaltig, weil man so ein Stoffstück super mehrmals zum Verpacken verwenden kann.

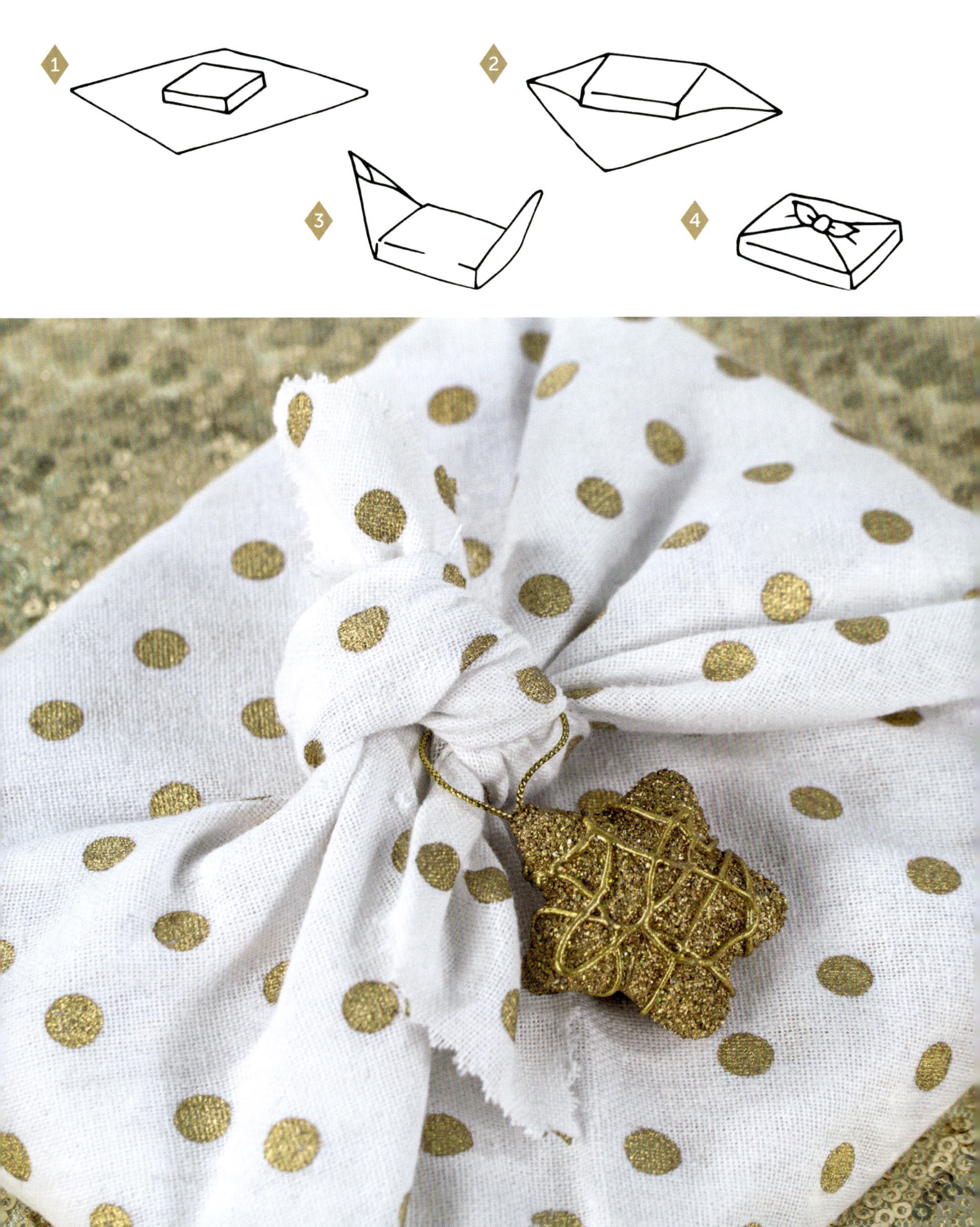
1
2
3
4

ICH

bastle

NUR AN

Tagen,

DIE MIT *„g"* ENDEN.

UND MITTWOCH.

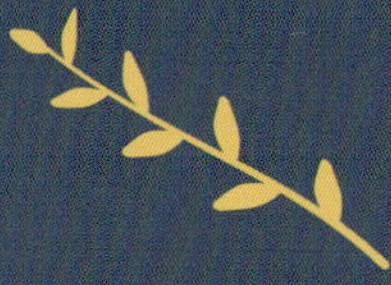

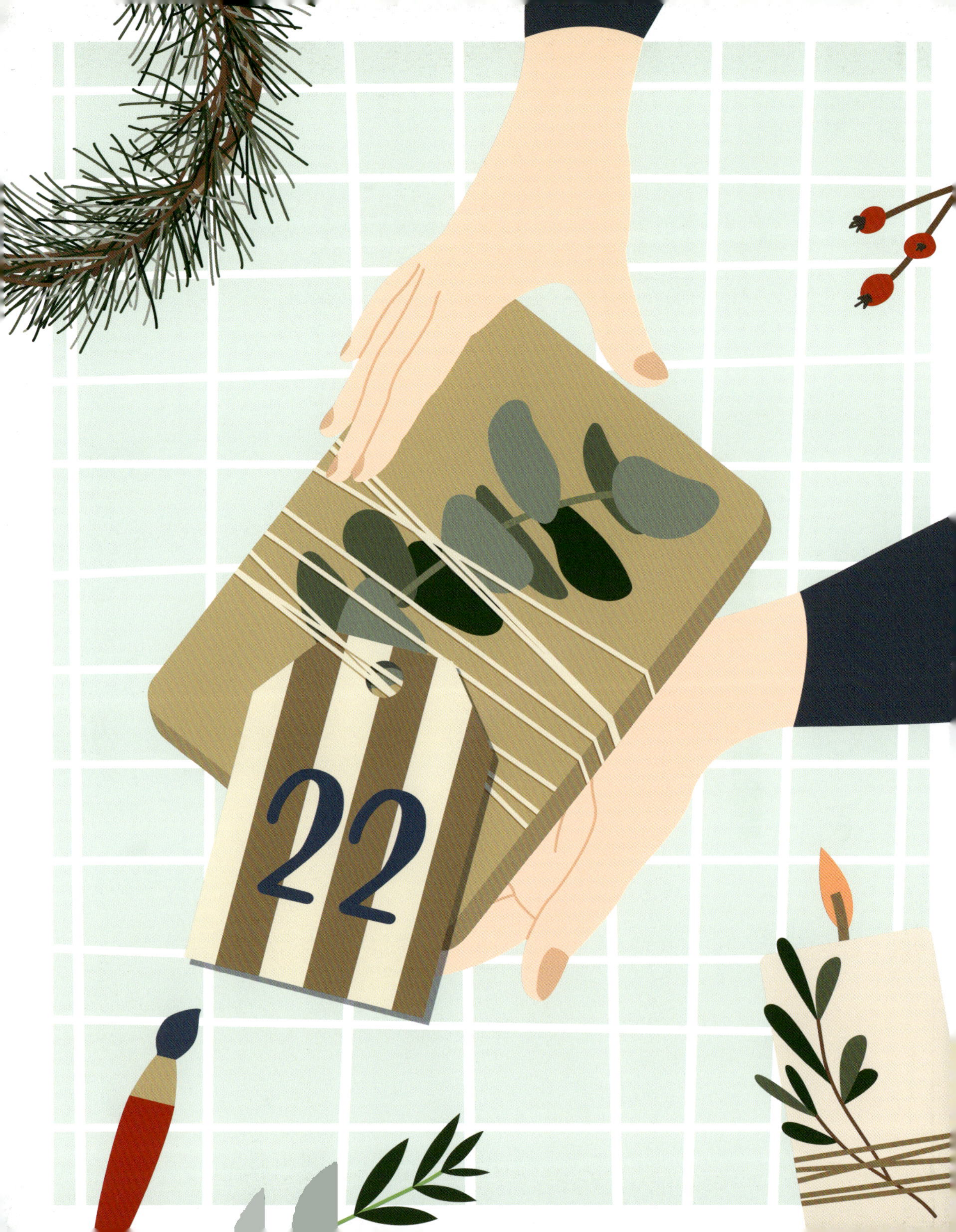
22

22

GOLDIGE BOTSCHAFTEN

GESCHENKANHÄNGER

MATERIAL

- kleine, feste Pappstreifen
- weiße und goldene Acrylfarbe
- Pinsel
- Lochzange
- Ösenzange
- goldene Ösen
- goldenes Geschenkband
- Stempel oder Stifte

UND SO GEHT'S

1 Die kleinen Streifen aus Pappe an einem Ende mit weißer Acrylfarbe einpinseln. Das eine Ende der Streifen jeweils mit goldener Acrylfarbe ein kleines Stückchen bemalen.

2 In das goldene Ende mit der Lochzange ein Loch stanzen und eine Öse befestigen.

3 Durch die Öse ein kleines Stück Geschenkband fädeln und zuknoten. Die Etiketten entweder bestempeln oder per Hand beschriften.

TIPP

Mit Namen versehen helfen sie, dass jedes Geschenk die richtige Person findet. Sie eignen sich aber auch wunderbar als Beschriftung für selbst gemachte Geschenke wie Marmelade oder Likör.

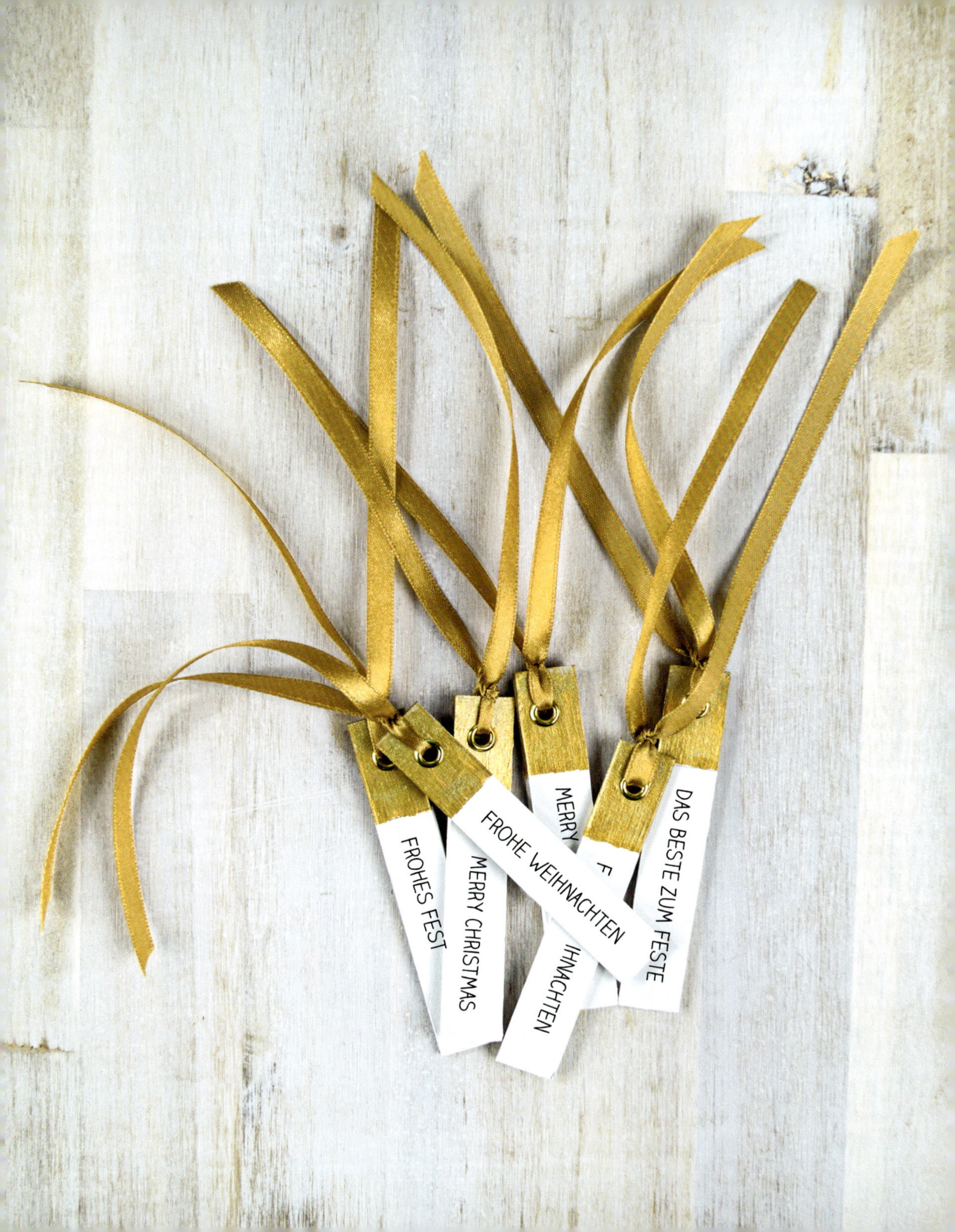
FROHES FEST
MERRY CHRISTMAS
FROHE WEIHNACHTEN
DAS BESTE ZUM FESTE

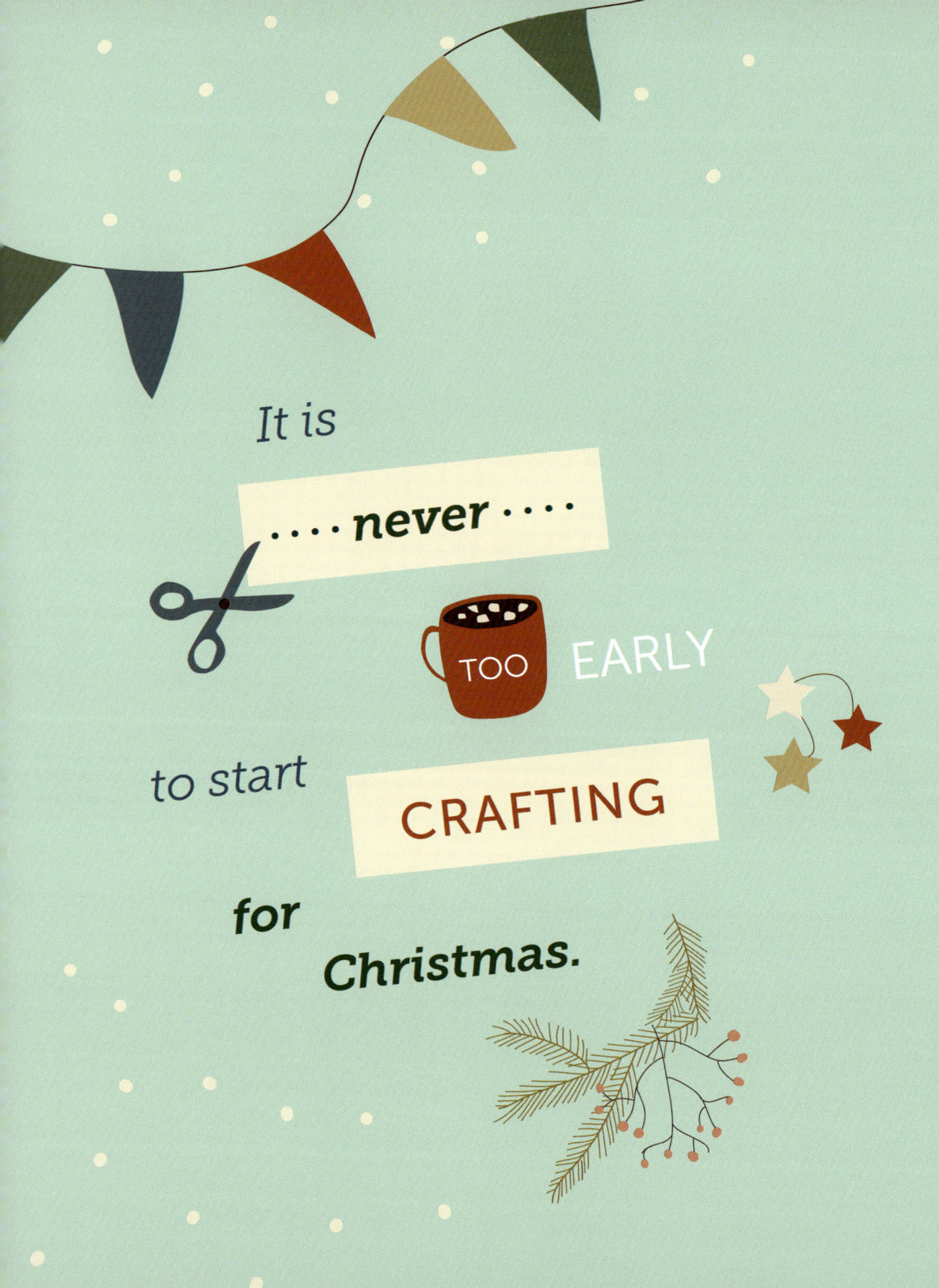

It is
.... never ....
TOO EARLY
to start CRAFTING
for Christmas.

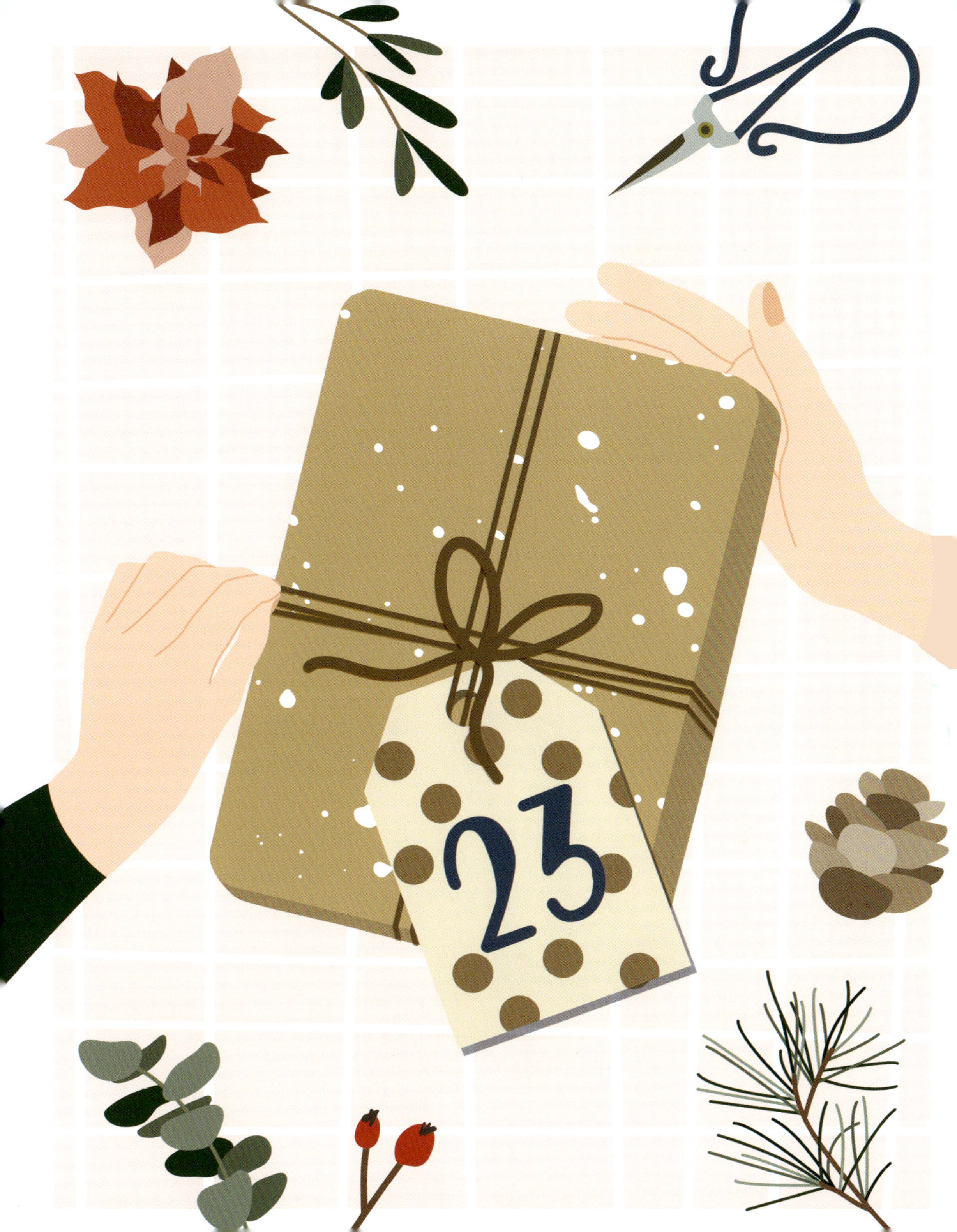
23

23

SCHWARZ AUF WEIß

RECYCLING-GESCHENKVERPACKUNG

MATERIAL

- alte Zeitung
- Stück Stoff
- Sterne aus Papier oder Pappe
- Geschenkband

UND SO GEHT'S

1 Das Geschenk in Zeitungspapier einpacken.

2 Den Stoff in schmale Streifen reißen, um das Geschenk wickeln und verknoten.

3 Kleine Sterne oder andere Formen mit einem Loch versehen und das Geschenkband durchfädeln. Die Sterne mit dem Band am Geschenk bzw. am Stoffband befestigen.

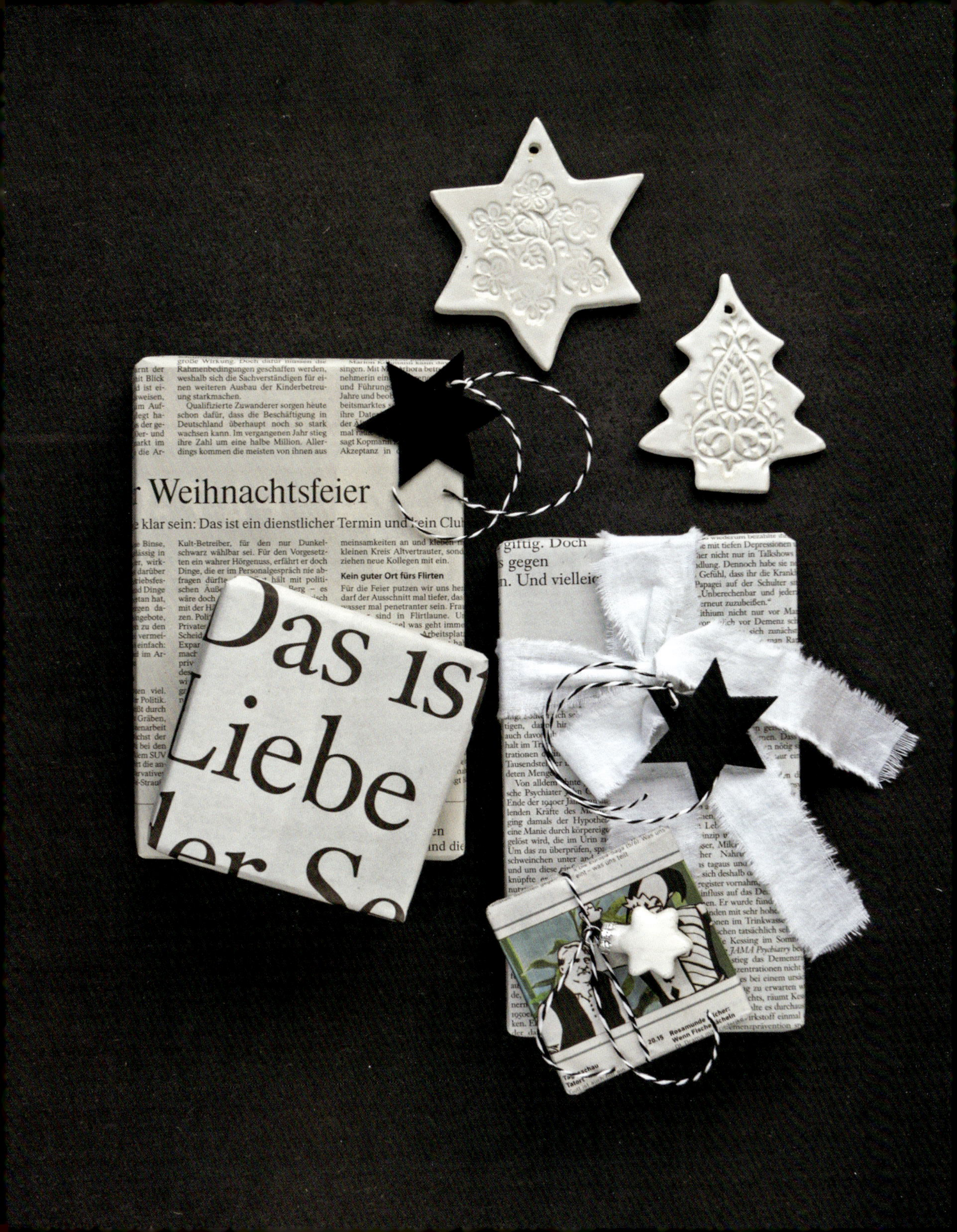

r Weihnachtsfeier
e klar sein: Das ist ein dienstlicher Termin und kein Club
Kein guter Ort fürs Flirten
Das ist
Liebe

Gäbe es die

LETZTE MINUTE

nicht,

so würde

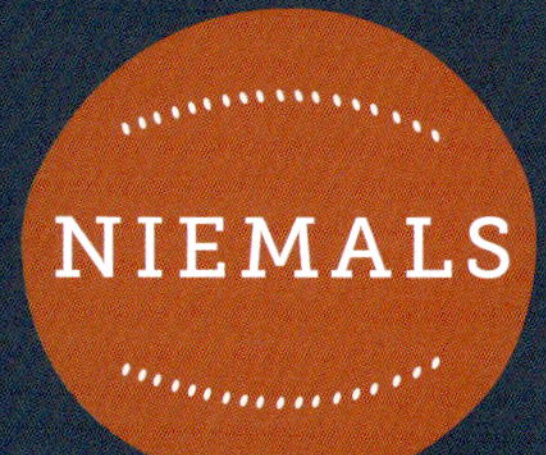

etwas fertig.

– MARK TWAIN –

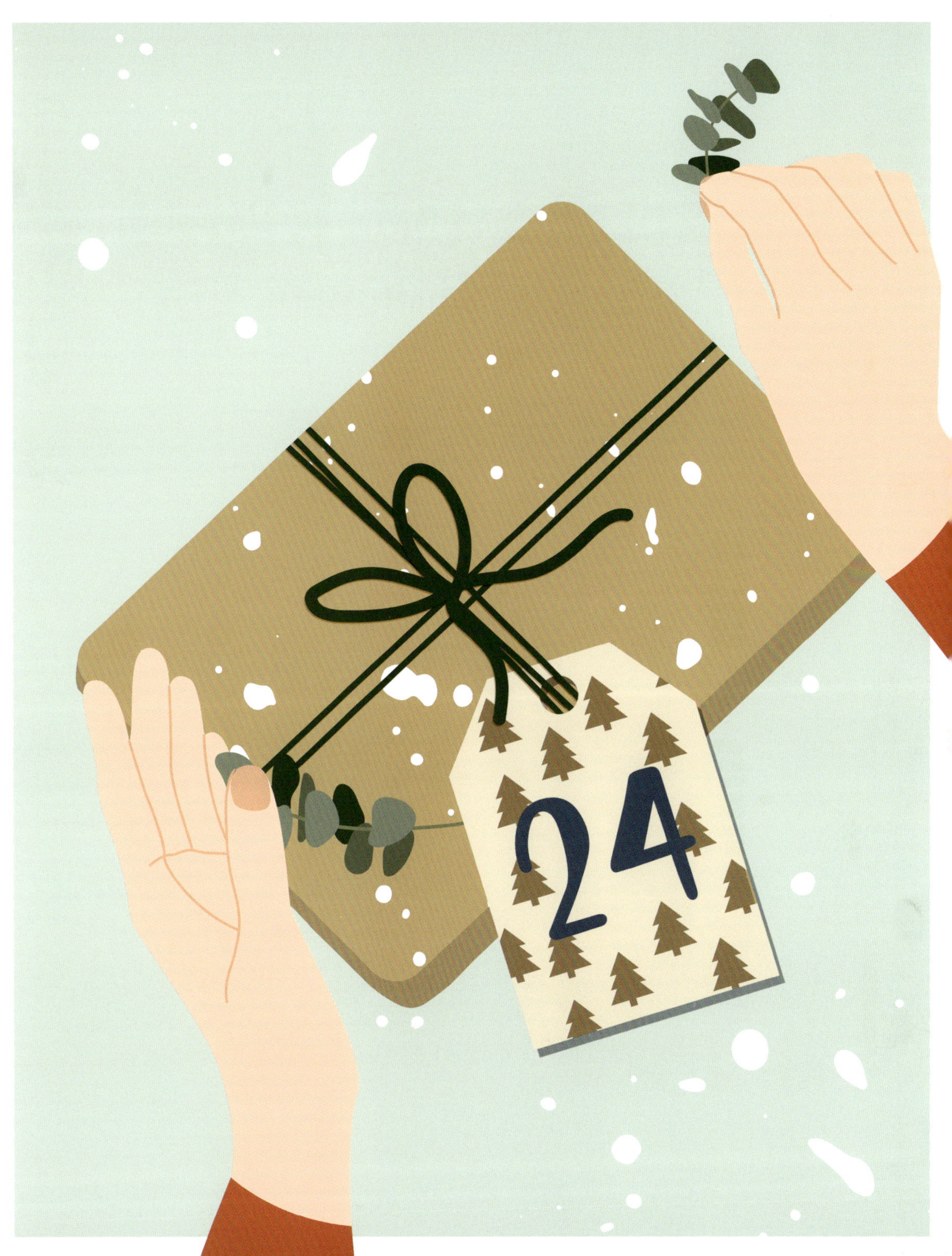
24

WEIßER WINTERWALD

PLATZKÄRTCHEN-BÄUME

MATERIAL

- Lufttrocknende Modelliermasse
- Cutter
- Korken
- Nudelholz (alternativ eine Glasflasche)
- Lackstift

UND SO GEHT'S

1 Die Modelliermasse ausrollen und kleine Dreiecke mit dem Cutter herausschneiden. Das lässt sich freihändig oder mit einer zuvor angefertigten Pappschablone machen.

2 Dann mit dem Cutter Schlitze in die Korken schneiden. Am besten zwei parallele Schnitte setzen und anschließend das Mittelstück heraustrennen.

3 Die Dreiecks-Bäumchen über Nacht trocknen lassen. Dann kann man sie mit dem Lackstift beschriften, in die Korken stecken und wie Platzkärtchen aufstellen.

TIPP

Wie hübsch ein ganzer Winterwald aussehen kann, gibt es ganz am Anfang dieses Buches zu sehen.

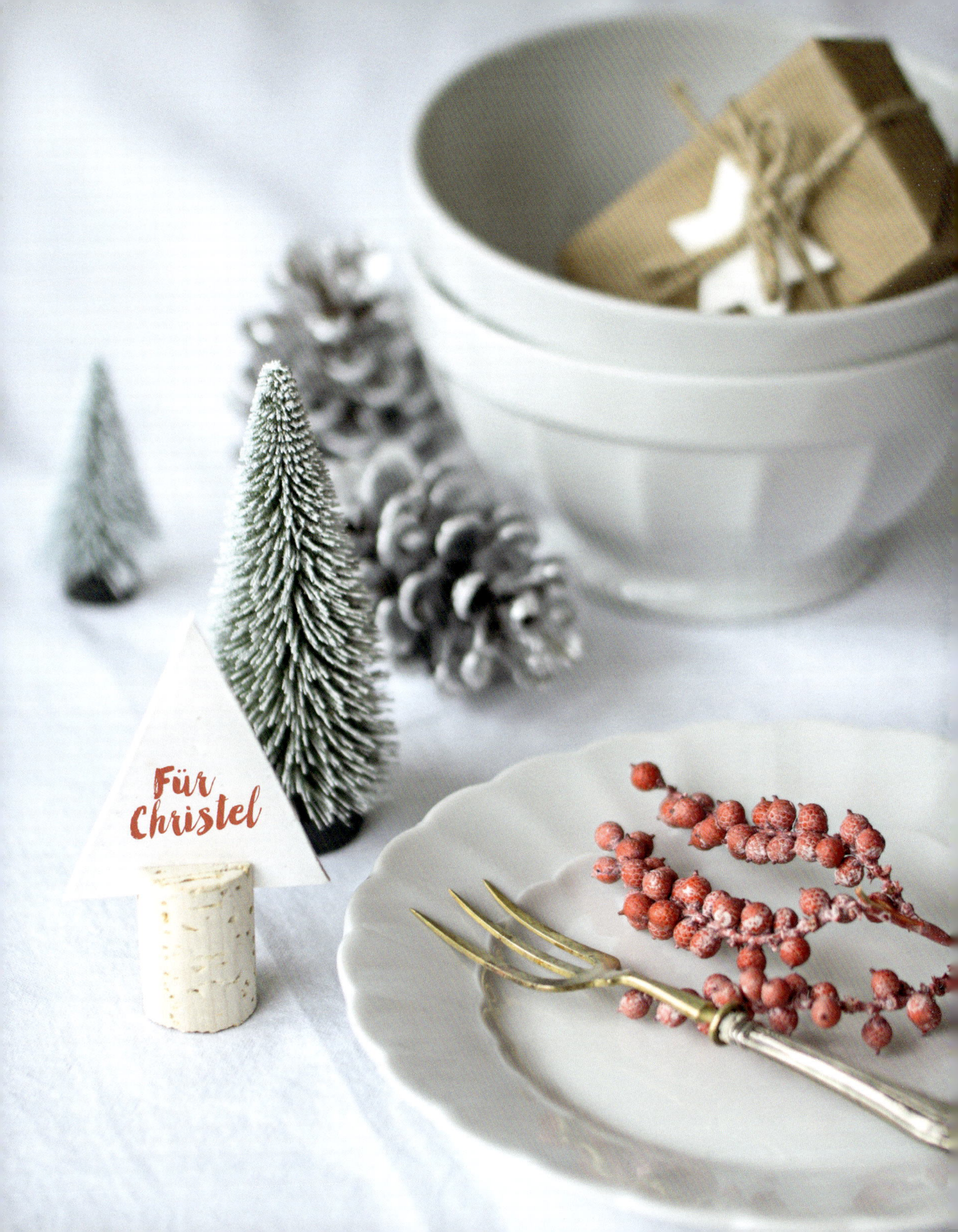
Für
Christel

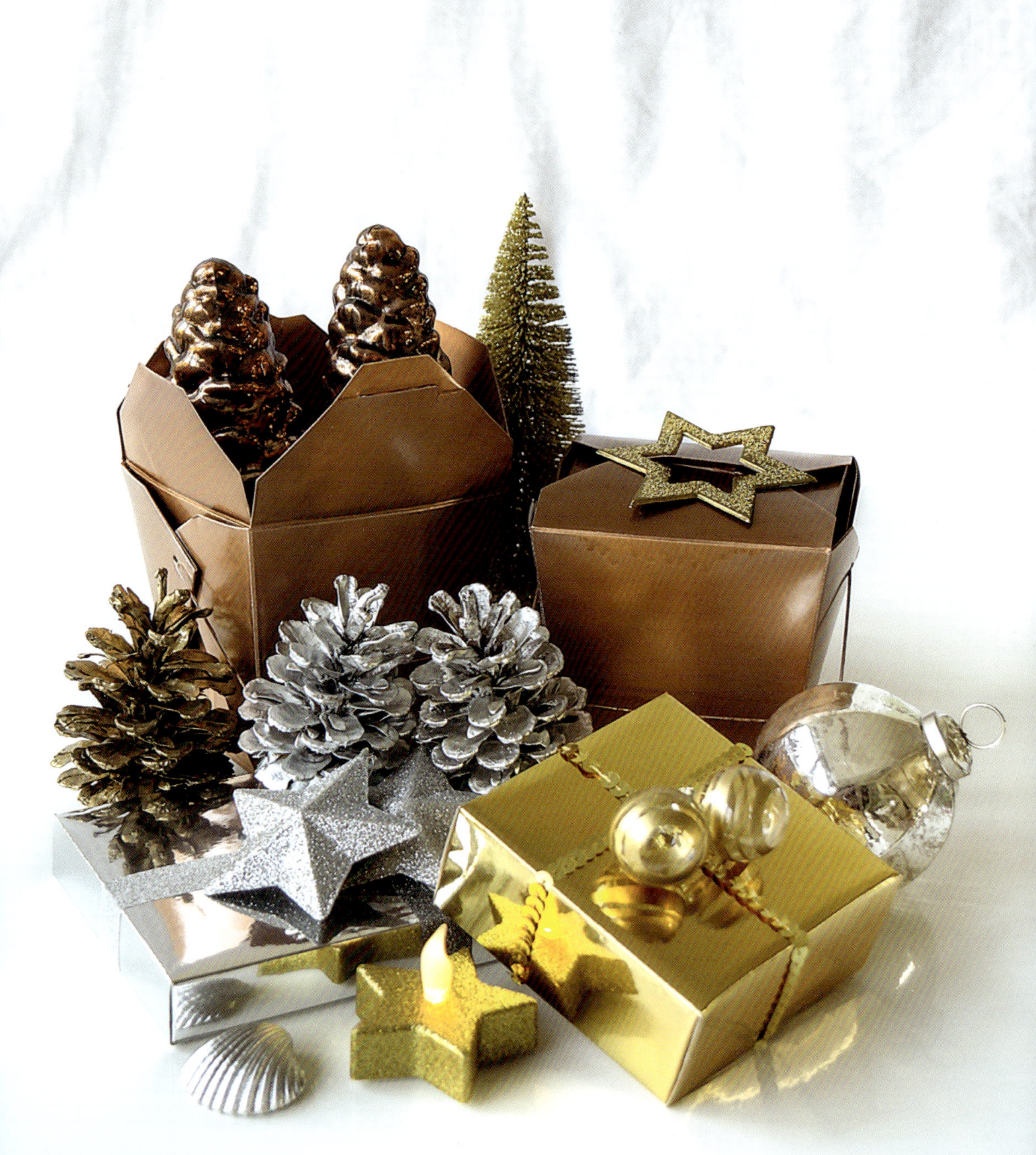

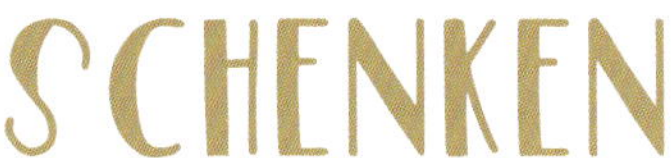

SCHENKEN

MACHT GLÜCKLICH

Weihnachten ist jedes Jahr zur gleichen Zeit und steht irgendwie trotzdem immer so plötzlich vor der Tür. Der Anlass zum Schenken lässt sich nun nicht mehr leugnen. Niemand möchte einen Tag vor Heiligabend in Shops nach geeigneten Geschenken suchen!

Am besten ist es daher, sich rechtzeitig einen Geschenkeplaner anzulegen. So gibt es in der Vorweihnachtszeit keine „Aufschieberitis". Es gibt wichtige Fragen, die man sich zum Anfertigen eines solchen Plans stellen muss. Wer bekommt was? Was wäre eine gute Idee? Selber machen oder kaufen? Was brauche ich? Wo besorge ich es? Wie wird das Geschenk verpackt? So nimmt der Plan schnell Gestalt an und so eine kleine Liste sorgt garantiert für etwas Entspannung. Vor allem aber verhindert sie Fehlkäufe und höfliche Dankesbekundungen der Beschenkten, wenn mal wieder Socken und Krawatten im Päckchen sind.

Schön ist auch, ein kleines Heftchen zu führen, in dem man sich Personen und die Dinge, über die sie sich freuen würden, notiert. Vielleicht hat jemand erwähnt, er wolle mal wieder ins Theater oder möchte ein bestimmtes Buch lesen. Oder jemand klagt ständig über kalte Hände, ein anderer mag Schokolade in jeder Form.

So sammelt man das ganze Jahr über und hat, wenn es so weit ist, schon jede Menge Ideen. Für die, die es lieber digital mögen, gibt es natürlich auch passende Apps fürs Handy. Einfach mal im jeweiligen Appstore nach Geschenkeplaner schauen.

ÜBER DIE AUTORIN

Ich bin Ina und arbeite als freie Grafik-Designerin und Autorin in Darmstadt. DIY ist ein Zauberwort für mich, denn ich bin eine leidenschaftliche Bastlerin. Meine Lieblingsmaterialien sind Papier und Holz, aber auch die Nähmaschine kommt hin und wieder zum Einsatz. Wenn ich nicht bastle oder „Werbung" mache, bereise ich gerne mit meinem Mann die Welt.

Auf meinem Blog ynas-design.blogspot.de teile ich seit 2011 meine Leidenschaften, wie DIYs, Designthemen und Reiseberichte. Obwohl ich es liebe zu fotografieren und die Bilder am Computer zu bearbeiten, brauche ich das Arbeiten mit handfesten Werkzeugen. Es gibt nichts Schöneres, als mit den eigenen Händen etwas Kreatives zu erschaffen.

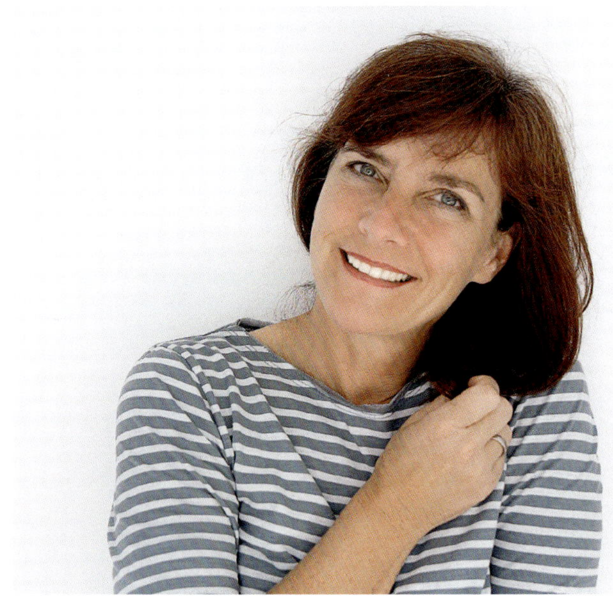

VORLAGEN

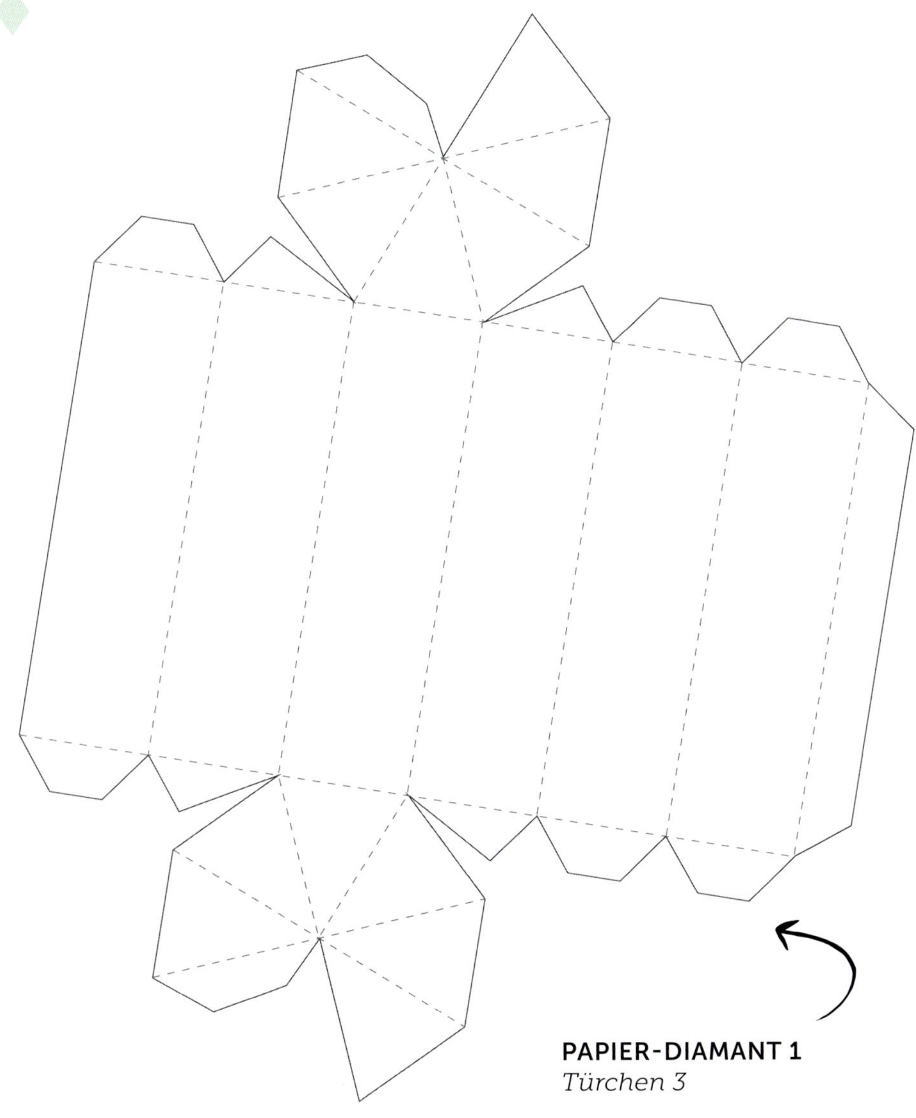

PAPIER-DIAMANT 1
Türchen 3

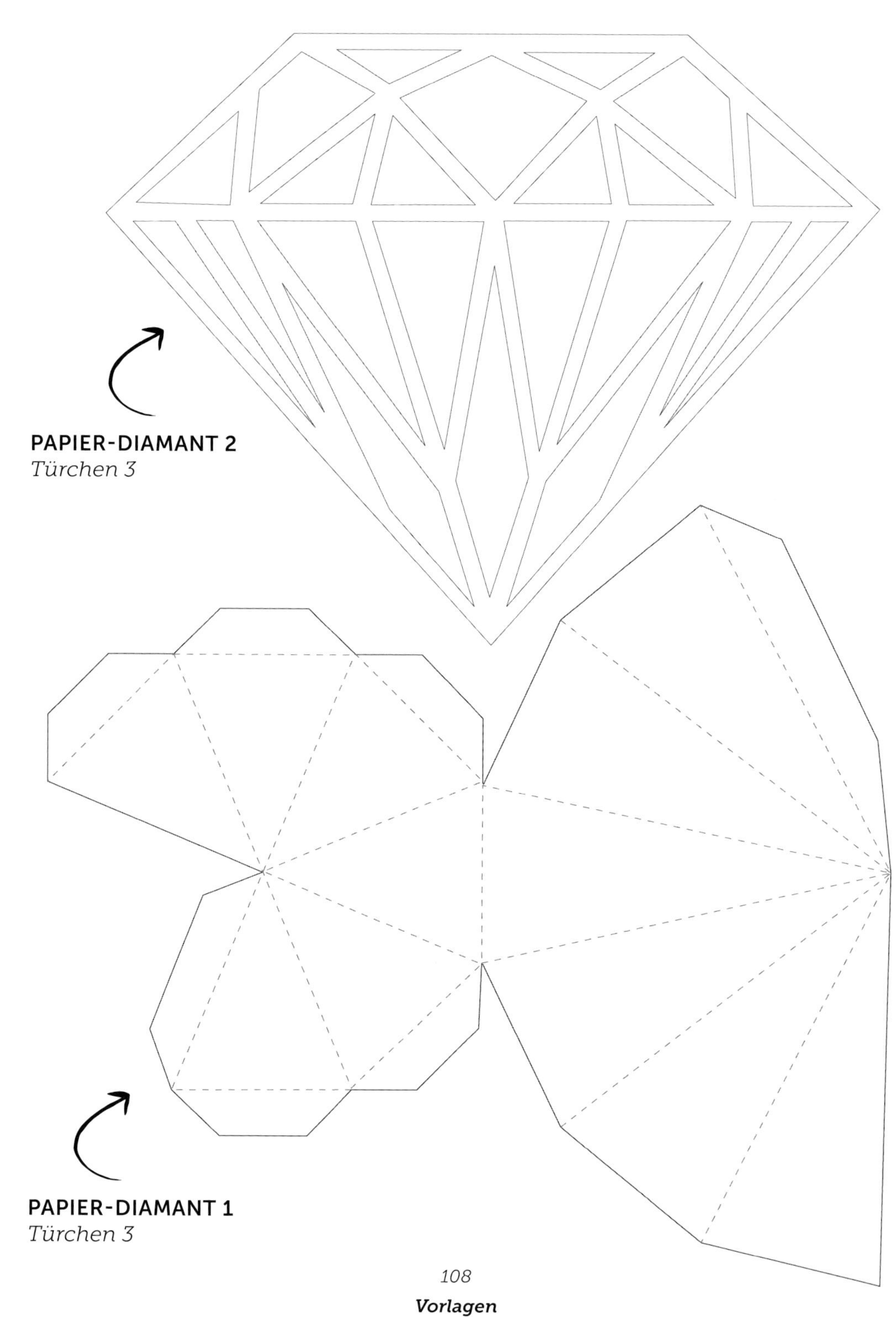
PAPIER-DIAMANT 2
Türchen 3
PAPIER-DIAMANT 1
Türchen 3

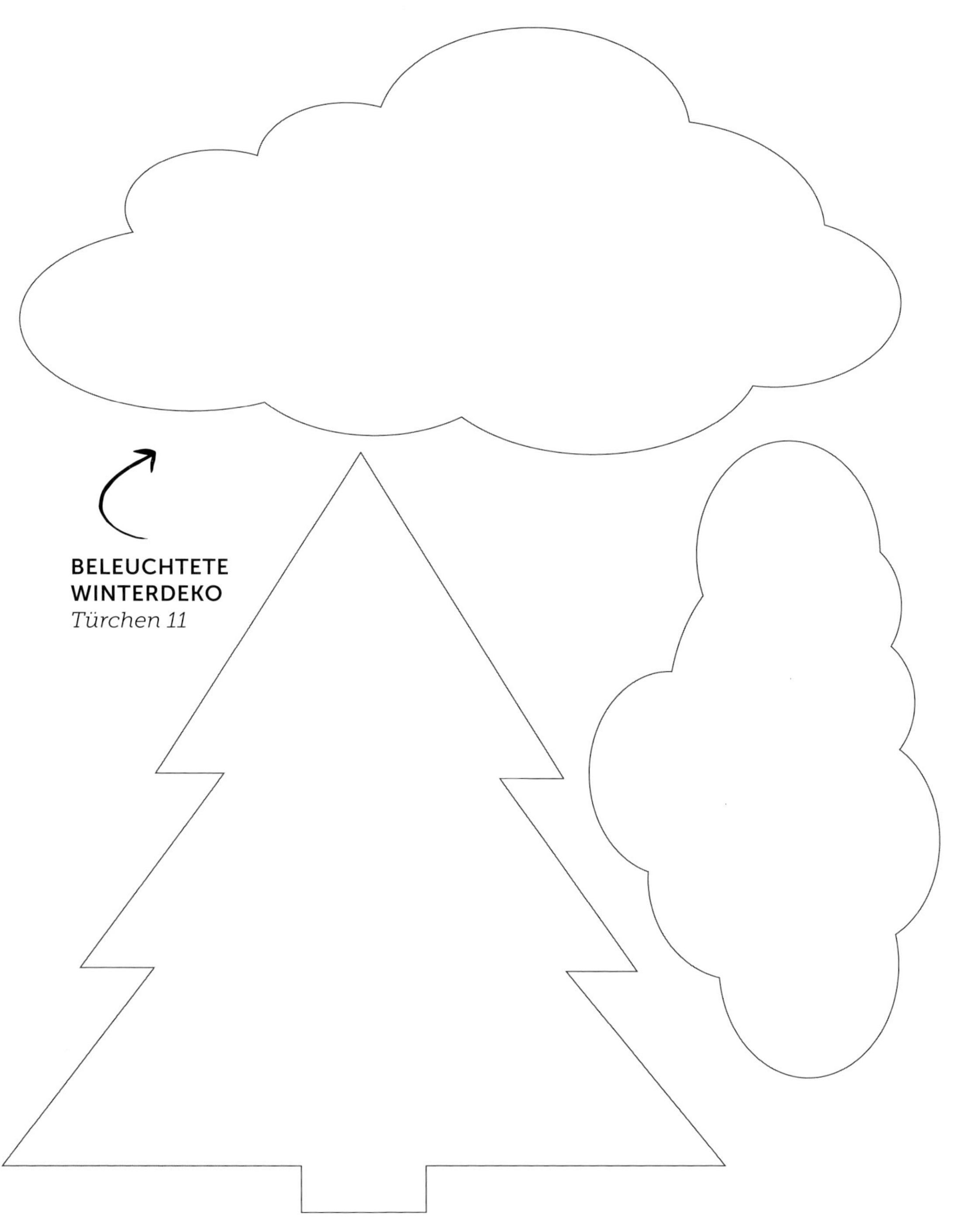
BELEUCHTETE
WINTERDEKO
Türchen 11

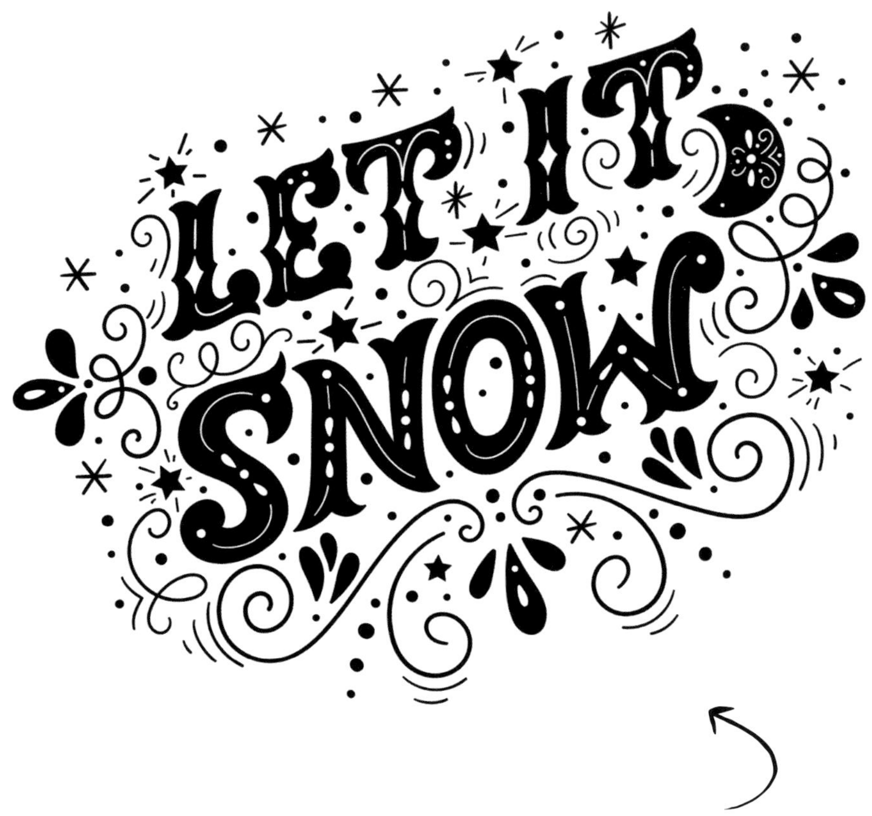

GESCHICKT EINGETÜTET
Türchen 17